Michael Kleim

Bunte Vögel und das Evangelium

Michael Kleim

Bunte Vögel und das Evangelium

Fromm Verlag

Imprint

Any brand names and product names mentioned in this book are subject to trademark, brand or patent protection and are trademarks or registered trademarks of their respective holders. The use of brand names, product names, common names, trade names, product descriptions etc. even without a particular marking in this work is in no way to be construed to mean that such names may be regarded as unrestricted in respect of trademark and brand protection legislation and could thus be used by anyone.

Cover image: Vom Autor bereitgestellt

Publisher:
Fromm Verlag
is a trademark of
Dodo Books Indian Ocean Ltd. and OmniScriptum S.R.L publishing group

120 High Road, East Finchley, London, N2 9ED, United Kingdom
Str. Armeneasca 28/1, office 1, Chisinau MD-2012, Republic of Moldova, Europe
Managing Directors: Ieva Konstantinova, Victoria Ursu
info@omniscriptum.com

Printed at: see last page
ISBN: 978-3-8416-0982-3

Inhalt

Vorwort

Immer wieder sind mir rebellische Geister begegnet. Sie kreuzten meinen Weg über Theologie, Kunst und Geschichte ebenso wie über meine Arbeit als Seelsorger oder als Teil meines Alltages. Sie waren wichtige Wegbegleitung während des Widerstandes in der DDR. Diese „Bunten Vögel" des Daseins können provozieren, nerven und stellen unsere Ansichten in Frage. Andererseits lenken sie unseren Blick auf Wahrheiten, die wir gern verdrängen. Rebellische Geister fordern uns heraus, die Welt neu zu sehen und zu bewerten. Sie inspirieren uns auf unnachahmliche Weise. Rebellische Geister sind immer ein Stein des Anstoßes. Genau darin liegen ihre Bedeutung und ihre Kraft.

Jesus selbst gehört zu den rebellischen Geistern. Seine Radikalität protestiert gegen Lieblosigkeit, religiöse Anmaßung und Angst. Deshalb habe ich in diesem Predigtband rebellische Geister und Evangelium in Beziehung gesetzt.

Damit schließt diese Sammlung bewusst an den ersten Band „Bunte Vögel der Reformation" an, der den Außenseitern der Reformationszeit gewidmet ist.

Ich wünsche eine anregende Lektüre.

Rebellische Geister in der Theologie

Plädoyer für einen auf ewig Verfemten

[Diese Predigt wurde 2023 mit der Aufnahme in die Shortlist und Festschrift des Ökumenischen Predigtpreises gewürdigt]

Der Teufel liegt im Detail. Und ich werde den Teufel tun, mit dir auf Teufel komm raus zu diskutierten. Ach, wenn man vom Teufel spricht. Guck…und schon ist hier der Teufel los. Da komm ich doch in Teufels Küche. Wo des Teufels Großmutter kocht.

Diese alte Schlange. Satan. Lucifer. Diabolos. Höllenfürst. Iblis. Scheitan. Chef der Asuras. Mara. Seth.
Widersacher und Verführer.
Armer Teufel. Sündenbock der Frommen und Selbstgerechten. Feindbild der Erleuchteten. Projektionsfläche unserer Ängste und Schattenseiten. Ich will *Advocatus Diaboli*, deutsch Anwalt des Teufels sein. Ich halte ein Plädoyer für einen auf ewig Verfemten.

Der Teufel muss für alles herhalten, was in der Welt schief geht. Er ist das personifizierte absolute Böse. Gottes Gegenspieler, gefallener Engel und grausame spirituelle Macht. Für die einen handelt es sich um ein real existierendes Wesen. Für andere um eine symbolische Gestalt. Oder um eine innerpsychische Größe. Oder ein mythisches Bild.

Ich möchte diesen armen Kerl heute verteidigen. Jesus hat uns ja zur Feindesliebe berufen. Und wenn der Teufel tatsächlich unser Feind ist, bezieht sich dann dieser Auftrag nicht auch auf ihn? Der Theologe Origenes jedenfalls war überzeugt, dass Gottes Herz erst dann Ruhe findet, wenn alle Seelen ins Paradies zurückgekehrt sind, einschließlich der Seele des Teufels.

Für nahezu tausend Jahre war es so, dass der Teufel in der christlichen Frömmigkeit eine eher untergeordnete Rolle spielte. Ja, er galt als gefallener Engel und Verführer, aber sein Einfluss war begrenzt und er wurde eher als tragische Figur gesehen. Dies änderte sich ab 1000 nach Christi durch das Aufkommen eines dualistischen Weltbildes. Von Persien aus verbreitete sich die Ansicht, das die Welt ein Schlachtfeld sei, wo Gut und Böse in einen ewigen Krieg gefangen seien. Im Zuge dieser geistigen Bewegung begann auch innerhalb der Kirche die Kariere des Teufels. Sein Wirken wurde überall gewittert, er wurde für Katastrophen, Krankheiten, Missernten und Kriege verantwortlich gemacht und wurde zu einem „Gegengott" aufgeblasen. Damit wurde ideell Gott vom Übel der Welt freigesprochen, da ja der eigentlich Schuldige nun ausgemacht war. Aber die Konsequenzen waren letztlich verheerend. Diese Teufelsvorstellungen führten zu kollektiven Ängsten und machten die Menschen manipulierbar. Aus der Angst wuchsen Aggression, Gewalt und Terror. Da der Teufel selbst nicht fassbar war, richtete sich der Kampf gegen das vermeintlich Böse auf die irdischen Agenten des Widersachers. Die Inquisition bekämpfte gnadenlos Ketzer, Heiden und sog. Hexen. Auch der christliche Antijudaismus speiste sich aus der Teufelsangst. Letztlich erwies sich diese Form eines christlichen Satanismus selbst als „teuflisch" und färbte das Christentum blutig ein.

„An ihren Früchten sollt ihr sie erkennen!" sagt Jesus. Die christliche Vorstellung vom Teufel brachte Früchte der Angst, der Zerstörung und des Aberglaubens hervor. Auch deshalb will ich kritisch darüber reden und hier mein Plädoyer halten.

Dafür ziehe ich die Bibel zu Rate.

Der Begriff „Teufel" ist unscharf. Sehr unterschiedliche Erscheinungen werden hier verallgemeinert. So wird der Verführer im Paradies als eine Schlange beschrieben. Es handelt sich ausdrücklich um ein Geschöpf Gottes. Der Antichrist in der Offenbarung weist eindeutig auf eine irdisch- menschliche Macht hin. Luzifer ist dem Namen nach ein Lichtträger und wird als eine ziemlich komplexe, widersprüchliche Erscheinung beschrieben. Diabolo scheint demgegenüber ein Dämonenanführer zu sein, der es mag, Begriffe und Prozesse durcheinander zu werfen.

Die Bibel mutet uns zu, genauer hinzuschauen. Begriffe und Deutungen sollen wir immer wieder hinterfragen. Den Teufel zum Teufel zu machen, sehe ich als eine theologische bzw. ideologische Verführung.

„Und die Schlange war klüger als alle..." (Genesis 3,1)
Was hast du getan? – als Gott sie fragt, berichtet sie in ihrer Beichte:
„Was gibst du mir die Schuld an dem Desaster. Ich habe es doch nur gut gemeint. So im Paradies, rundherum geborgen, ohne die Chance auf Veränderung – das konnte auf die Dauer doch nicht gut gehen. Gott, es musste so kommen. Adam und Eva sind doch keine Kinder, die es sich auf ewig im Bauch ihrer Mami gemütlich machen. Und sie können doch auch Dir, Herr, nicht ständig am Rockzipfel hängen. Es sind deine Kinder, Gott, aber nun erwachsen. Und damit bereit, eigene Wege zu gehen. Eigene Entscheidungen zu treffen. Ja, und auch

eigene Fehler zu machen. Sie sind so weit, sich auf den Weg zu machen – mit all seinen Problemen und Schwierigkeiten. Ich habe doch nur zu ihnen geredet – und du musst zugeben, dass das für eine Schlange bereits ein recht ungewöhnliches Unterfangen darstellt. Ich habe nur geredet, entschieden haben diese Menschen immer selbst. Sie hatten die Wahl. Du, Herr, warst es doch, der ihnen diese Freiheit in den Schoß gelegt hat. Sie hatten tatsächlich die Wahl. Und sie haben nach der Frucht gegriffen, ohne an die Folgen zu denken. Adam und Eva waren es; was also gibst du mir die Schuld? Immerhin habe ich es geschafft, so etwas wie ‚Die Weltgeschichte' und „Menschliche Kultur" in Gang zu setzen. Ohne den Apfel gäbe es auch keine Entwicklung. Dass musst du doch zugeben…und außerdem wirst Du, Gott, jetzt mehr denn je gebraucht."

„Und der Versucher trat herzu und sprach zu Jesus…" (Matthäus 4,3) Wow, das nenne ich aber kühn. Der Versucher wagt es sich, sogar Jesus auf die Probe zu stellen. Dabei geht er redegewandt und – hört, hört – auch sehr bibelfest vor. Und er hat gute Argumente. Es klingt durchaus attraktiv, was er anzubieten hat. Es sind einfache, klare, schnelle Lösungen. Wir haben hier eine sehr aktuelle Situation vor uns. Die vielen Probleme unserer Tage, das Undurchschaubare vieler Dinge verleitet Menschendazu, es sich selbst leichter zu machen und auf einfache Antworten hereinzufallen. Verschwörungserzählungen, neue und alte Feindbilder und ideologische Deutungen führen aber nur in Sackgassen und versperren Wege nach vorn. So gesehen war es eben auch eine theologische Verführung, den Teufel für das Übelin der Welt verantwortlich zu machen. So konnten die Menschen sich selbst er Verantwortung

entledigen und sich vor der Mühe drücken, sich wirklich der Welt mit ihren komplizierten Widersprüchlichkeiten zu stellen.

Und nun, sehr geehrte Damen und Herren, möchte ich zum Kern meines Plädoyers kommen. Ich habe hier ein Dokument in der Hand, welches den Teufel entlastet und beweist, dass jahrhundertelang zu Unrecht über ihn geurteilt wurde. Doch hören Sie selbst:

„Es begab sich aber eines Tages, da die Gottessöhne kamen und vor den Herrn traten, kam auch der Satan mit ihnen. Der Herr aber sprach zu dem Satan: Wo kommst du her? Der Satan antwortete dem Herrn und sprach: Ich habe die Erde hin und her durchzogen. Der Herr sprach zum Satan: Hast du achtgehabt auf meinen Knecht Hiob? Denn es ist seinesgleichen nicht auf Erden, fromm und rechtschaffen, gottesfürchtig und meidet das Böse.

Der Satan antwortete dem Herrn und sprach: Meinst du, dass Hiob Gott umsonst fürchtet? Hast du doch ihn, sein Haus und alles, was er hat, ringsumher bewahrt. Du hast das Werk seiner Hände gesegnet, und sein Besitz hat sich ausgebreitet im Lande. Aber strecke deine Hand aus und taste alles an, was er hat: Was gilt's, er wird dir ins Angesicht fluchen! Der Herr sprach zum Satan: Siehe, alles, was er hat, sei in deiner Hand; nur an ihn selbst lege deine Hand nicht. Da ging der Satan hinaus von dem Herrn." (Hiob 1, 6ff)

Es handelt sich um die Einleitung zum Buch Hiob, eines der spannendsten Schriften innerhalb der Bibel. Gewisse Ähnlichkeiten zum „Prolog im Himmel" aus Goethes Faust oder zu Michail Bulgakows Roman „Der Meister und Margaritha" sind – nicht zufällig.

Satan kommt wie selbstverständlich zur Versammlung der Söhne Gottes. Und warum auch nicht! Er gehört ja auch selbstverständlich dazu. Kein gefallener Engel oder geächteter Geist wird hier vorgestellt. Kein Widersacher Gottes tritt auf. Satan ist Teil der himmlischen Wesen und Diener Gottes. Bereits sein Name weist auf seinen Auftrag hin: der hebräische Begriff „Satan" bedeutet „Staatsanwalt" oder „Ankläger".

Satan versucht die Menschen also nicht, um Böses zu bewirken. Er stellt sie auf die Probe, um deren Glauben zu läutern. Dies tut er ausdrücklich auf Geheiß Gottes hin.

Was mein Dokument beweist, meine Damen und Herren, ist auch dies: ohne Einwilligung Gottes kann Satan nicht handeln. Auch bei Hiob holt er sich die Zustimmung des Herrn ein.

Gott geht mit Satan eine Wette um Hiob ein. Puhh! Das fühlt sich echt surreal und bizarr an. Aber, genau so steht es im Buch Hiob. Und das Spiel zwischen Gott und Satan, dessen Folgen Hiobs Familie tragen muss, geht munter weiter. Denn weiter steht hier geschrieben:

„Es begab sich aber eines Tages, da die Gottessöhne kamen und vor den Herrn traten, dass auch der Satan mit ihnen kam und vor den Herrn trat. Da sprach der Herr zu dem Satan: Wo kommst du her? Der Satan antwortete dem Herrn und sprach: Ich habe die Erde hin und her durchzogen. Der Herr sprach zu dem Satan: Hast du acht auf meinen Knecht Hiob gehabt? Denn es ist seinesgleichen auf Erden nicht, fromm und rechtschaffen, gottesfürchtig und meidet das Böse und hält noch fest an seiner Frömmigkeit; du aber hast mich bewogen, ihn ohne Grund zu verderben.

Der Satan antwortete dem Herrn und sprach: Haut für Haut! Und alles, was ein Mann hat, lässt er für sein Leben. Aber strecke deine Hand aus und taste sein Gebein und Fleisch an: Was gilt's, er wird dir ins Angesicht fluchen! Der Herr sprach zu dem Satan: Siehe da, er sei in deiner Hand, doch schone sein Leben!" (Hiob 2, 1ff)

Meine sehr geehrten Damen und Herren, ich habe auch eine Zeugin befragt, die ihre Aussage zu Satan im Internet zu Protokoll gegeben hat.

Debora Lapide ist jüdische Theologin.[11] Sie sagt:

„Jüdinnen und Juden glauben an Satan. Er ist eine Engelkraft, der im Auftrag Gottes handelt. Satans Aufgabe ist es, die Menschen anzuklagen, wenn sie gegen Gottes Gebote verstoßen. Außerdem soll er die Menschen immer wieder auf die Probe stellen, indem er sie zum Bösen verführt, und so ihren Glauben an Gott überprüfen. Das Böse soll dann in gutes Handeln verwandelt werden. Alles hat das Ziel, die Menschen auf den richtigen Weg zu bringen, damit sie Verantwortung für sich, für andere und für die Umwelt übernehmen und danach handeln."

Nun urteilen Sie bitte selbst. Aber hüten sie sich bitte vor der Verführung, es sich dabei leicht zu machen.
Ich plädiere dafür, den Teufel nicht länger zu verteufeln.

---

[1] https://www.religionen-entdecken.de/lexikon/t/teufel-im-judentum

Wie die Rolling Stones in ihrem Song „Sympathie fort he Devil"
empfinde ich Mitgefühl mit diesem unruhigen, innerlich zerrissenen
Geist.

Teufel, das beschreibt durchaus spirituelle und psychische Realität. Er
weist auf die Wirklichkeit von Versuchung und Verführung, Scheitern
und Illusionen hin. Doch drei Dinge möchte ich Ihnen, meine Damen
und Herren, zum Schluss ans Herz legen:

1. Stellen wir uns der Wirklichkeit von Versuchung und Verführung.
   Bleiben wir wachsam. Und haben wir den Mut, uns einzugestehen,
   dass wir dabei auch immer wieder scheitern können.

2. Schieben wir bitte unsere Verantwortung, für die wir einzustehen
   haben, nicht auf andere ab. Nicht auf andere Menschen, nicht auf
   selbstgewählte Sündenböcke und auch nicht auf den Teufel.

3. Lassen wir uns nicht von einer der größten Versuchungen fesseln:
   Der Angst! Wir brauchen weder vor Tod und Teufel, noch vor Gott in
   Angst fallen. Angst entstellt am Ende den Glauben und kehrt ihn in
   sein Gegenteil. Wenden wir uns von der Angst weg – und haben
   Mut zum Vertrauen. Möge dies das Herz unseres Glaubens werden,
   dass wir Gott, seiner Liebe und Macht vertrauen, trotz und in aller
   Versuchung, Schuld und Bedrohung. Der Teufel, wer immer er auch
   sei, steht am Ende auch nur unter der Macht Gottes.

Fürchte dich nicht!
Aus Vertrauen welches in Gottes Liebe wurzelt, wachsen Vergebung,
Heilung und Liebe. Darauf, meine Damen und Herren, sollten wir unser
Herz richten. Möge dies unsere Übung in der Fastenzeit sein.
Dazu helfe uns unser Gott. Amen.

Rebellische Bruchstücke

[Die Predigt war Teil eines Kunst-Video-Projektes zum Thema „Fragmente"]

„Der Augenblick ist ein Diener der Ewigkeit" (Michael Kleim)

Wir Menschen nehmen Realität immer nur in Bruchstücken wahr. Wir Menschen können Wirklichkeit nur in Fragmenten erkennen. Oft sehen und hören wir nur das, was wir sehen und hören wollen.

Oft stößt unsere Wahrnehmung an Grenzen, und ein Großteil des Geheimnisses, das wir so gern erkunden möchten, bleibt für uns verhüllt. Wesentliches bleibt im Verborgenen.

Dennoch sind wir bemüht, die gesammelten Bruchstücke unserer Wahrnehmung zu ordnen und aufeinander zu beziehen. Wie Puzzlesteine fügen wir unsere Erfahrungen und Einsichten zusammen, nur um festzustellen, dass unser Bild nie zu einem Ganzem wird. Es kann immer nur Stückwerk, es kann immer nur Fragment bleiben.

Diese Aussage bedeutet keine Wertung. Es geht hier nicht um gut oder schlecht. Es handelt sich schlicht um eine nüchterne Feststellung über die Natur unserer menschlichen Erkenntnis.

Menschenkenntnis

Wir können von Menschen immer nur Momente erkennen.

Oft konzentrieren wir uns nur auf einen bestimmten Ausschnitt: der Klang der Stimme, das Leuchten der Augen, die Wärme der Haut…

Oft, so sagt man, entscheide der erste Eindruck.

Oft nehmen wir ein einziges Merkmal, um jemanden zu bezeichnen.

Oft stecken wir Andere in Schubladen, um so die Übersicht zu behalten. Oft wird uns nur die äußere Verhaltensweise gewahr, nicht jedoch die Gedanken, Gefühle, Ängste und Träume, die im Inneren wohnen.

Oft verstehen wir Andere nicht, weil wir deren Vergangenheit, deren Verletzungen und Erfahrungen nicht kennen.

Oft fehlt uns die Zeit, um uns wirklich einzulassen.

Und so sammeln wir immer nur Bruchstücke, die wir versuchen, zu einem Fragment zusammenzufügen.

Selbsterkenntnis

Auch wir selbst bleiben uns ein Fragment.

Wunden, die das Dasein uns zufügt, vernarben an Leib und Seele. Dinge in uns und an uns werden immer wieder zerbrechen.

Nicht alles, was wir uns vornehmen, wird gelingen. Manches bleibt unvollendet. Wir gleichen griechischen Skulpturen, denen ein Arm oder ein Bein oder Beides fehlt. Auch das bedeutet keine Wertung. Es ist eine nüchterne, sachliche Tatsache, die wir zur Kenntnis nehmen können.

Welt- und Lebenskenntnis

Ausschnitte. Nebensätze. Momentaufnahmen.

Stets und ständig fügen wir unserem Wissen neue Fakten hinzu. Immer wieder fügen wir unserer Erfahrung neue Episoden hinzu.

Je mehr wir wissen, umso mehr wird uns bewusst, was wir nicht wissen. Je mehr wir erkennen, umso mehr wird uns bewusst, was uns verborgen bleibt. Je mehr wir verstehen, umso mehr wird uns bewusst, was wir nicht fassen können. Auch die Welt, auch das Leben können wir nur bruchstückhaft, können wir nur als Fragment wahrnehmen.

Glaubenskenntnis

Es sind Bruchstücke an Glaubenserfahrung und spiritueller Einsicht, die wir dann versuchen, zu einem einheitlichen Bild zu fügen. Doch auch unser Glaube kann nur begrenzt erfassen. Auch unser Glaube kann immer nur Fragment bleiben.

Als Christen wissen wir es:
Wir sind immer noch auf dem Weg und noch nicht am Ziel.

Leben und Wirklichkeit, Welt und Glauben sind bunt, vielfältig, unüberschaubar ausdifferenziert. Wir nehmen davon Momentaufnahmen, Bruchstücke, Puzzleteile wahr.
Ständig ist alles in Bewegung. Auch wir selbst. Grenzen verschieben sich.

Dinge begegnen einander, fließen ineinander, vermischen sich. Dinge trennen sich wieder, zerbrechen, lassen Bruchstücke zurück. Altes vergeht. Neues entsteht. Unentwegt. Panta rhei. Alles fließt.

Jedoch gehört jedes Bruchstück zum Ganzen. Jedes Fragment weist über sich hinaus. „Der Augenblick ist ein Diener der Ewigkeit".

Gotteskenntnis

Alles kommt von Gott her. Alles kehrt zu Gott zurück.

Alles findet in Gott seine Einheit.

All die Fragmente und Bruchstücke der Welt, des Lebens, unseres Lebens, all die Fragmente und Bruchstücke unseres Denkens und Erkennens, Wahrnehmens und Glaubens, all die Fragmente und Bruchstücke unseres Seins werden in Gott von Gott zu einem Ganzen vereint. Heil werden, so nennt das die Bibel.

Kassandra & Jeremia

Kassandra gehört zu den starken wie tragischen Frauengestalten der antiken Mythologie. Sie ist Seherin. Sie weiß um das kommende Unheil. Doch auf Kassandra liegt der Fluch, dass ihren Worten kein Glaube geschenkt wird. Ihr jüdischer Kollege ist Jeremia. Auch er warnt vor Katastrophen, die er nicht verhindern kann.

Es war die Zeit, als der Kalte Krieg die Nukleare Hochrüstung eskalieren ließ. In den 1980ger Jahren wurden Atomraketen in beiden Teilen Deutschlands stationiert. Menschen fühlten sich dem Militär und der Politik ausgeliefert und begannen, sich gegen Frevel und Gewalt zu wehren. Zu dem Ringen um Abrüstung, Entspannung und Frieden kamen weitere wichtige, lebensentscheidende Aspekte hinzu: die Frage nach den Menschenrechten und nach dem Erhalt der natürlichen Umwelt. Im Westen gingen Tausende auf die Straße demonstrieren, im Osten wurden Flugblätter und Untergrundzeitungen in Umlauf gebracht. Die Kirchen erfanden die Friedensdekade, den Aufnäher „Schwerter zu Pflugscharen" und den ökumenischen Prozess für Frieden, Gerechtigkeit, Bewahrung der Schöpfung. In dieser Zeit, so um 1983, schrieb die ostdeutsche Schriftstellerin Christa Wolf ihren Roman „Kassandra". Diese Erzählung beschreibt in literarischer Form das Erleben von Gewalt, Frevel und Ohnmacht.

Kassandra ist ein Stoff, der aus der antiken Mythenwelt stammt. Besagte Kassandra, Tochter des trojanischen Königs Priamos und der Hekabe, wurde mit der Gabe beschenkt, als Seherin künftiges Unheil zu erkennen. Gleichzeitig aber wurde auf ihr der Fluch gelegt, dass niemand ihren Vorhersagen Glauben schenken wird. So sieht sie den Untergang Trojas voraus, kann aber letztlich nichts dagegen tun. Diese tragische Geschichte steht exemplarisch für alle Menschen, deren berechtigte Warnungen in den Wind geschlagen, deren Rufe gegen Willkür und Despotie, gegen Unrecht und Krieg zum Schweigen gebracht werden.

Christa Wolf waren historische Personen mit Kassandraschicksal bekannt. Bertha von Suttners dringliches Werben um gewaltfreie Konfliktlösung am Vorabend des 1. Weltkrieges wurde von den verantwortlichen Politikern ignoriert. Ein Massentöten ungeahnten Ausmaßes nahm seinen Lauf. Carl von Ossietzky warb in den Zwanzigern unermüdlich für ein Bündnis der Demokraten gegen den aufkommenden Nationalsozialismus. Er warnte eindringlich vor der kommenden Katastrophe aus Diktatur und Krieg. Dissidenten aus Russland, Polen, Tschechien, Ungarn, der DDR machten auf die Verbrechen Stalins und seiner Vasallen aufmerksam, wiesen auf aktuelle Repressionen hin. Gehör fanden sie meist nur in einem kleinen Kreis.

Kassandrarufe verhallten im unendlichen Raum der Gleichgültigkeit.

Für diese Erfahrung aus mythologischer und historischer Wirklichkeit gibt es eine biblische Entsprechung: der Prophet Jeremia.

Auch Jeremia bekommt die Sehergabe, erkennt kommendes Unheil und bleibt von seinen Mitmenschen unverstanden. 600 Jahre vor Christus hat er in Jerusalem gewirkt. Als Gott ihn zum Propheten beruft, will Jeremia nichts davon wissen. „Ach, mein Gott und mein Herr, ich kann doch nicht reden, ich bin ja noch zu jung" (Jer. 1,6) Jeremia traut sich die Aufgabe nicht zu. Außerdem scheint er bereits zu ahnen, dass ihn dieser Auftrag vor allem Ärger, Leid und Einsamkeit einbringen wird. Und wer möchte schon gern diese Lasten freiwillig tragen. Zudem ist es ein geradezu typisch biblisches Geschehen: die wirklich Berufenen drängeln sich nicht nach der Auserwählung. Sie wollen sich eigentlich lieber entziehen. Doch letztlich können sie dem Ruf Gottes nicht ausweichen.

„Herr, du hast mich überredet, und ich habe mich überreden lassen" (Jer. 20,7) sagt Jeremia später. Jeremia erlebt und erleidet unterschiedliche religiöse und politische Phasen. Mehreren Königen steht er gegenüber, militärische Aktionen und Bedrohungen hat er vor Augen. Doch eines bleibt nahezu gleich. Mit seiner Botschaft kommt er in Konflikt mit den Mächtigen, mit seinen Warnungen gerät er in Isolation zu der Mehrheit seines Volkes. Wenige nur unterstützen ihn, nehmen ihn ernst, beachten seine Worte.

„Denn sooft ich rede, muss ich schreien; »Frevel und Gewalt! « muss ich rufen. Denn des HERRN Wort ist mir zu Hohn und Spott geworden täglich." *(Jeremia 20)*

Gewalt, Unrecht, Willkür prangert Jeremia an. Die Prunksucht und Selbstgefälligkeit der Oberschicht nimmt er aufs Korn. Geradezu modern mutet seine soziale Kritik an:

Weh dem, der sein Haus mit Sünden baut und seine Gemächer mit Unrecht, der seinen Nächsten umsonst arbeiten lässt und gibt ihm seinen Lohn nicht. Deine Augen und dein Herz sind auf nichts anderes aus als auf unrechten Gewinn und darauf, unschuldiges Blut zu vergießen, zu freveln und zu unterdrücken." *(Jeremia 22)*

Doch auch das Volk, das sich mit Oberflächlichkeit ablenken lässt und das Unrecht schweigend mitträgt, wird in die Verantwortung genommen.

Vollends läuft Jeremia gegen eine Wand aus Ablehnung, Trotz und Gehässigkeit, als er den Glauben seiner Zeitgenossen als hohl und äußerlich kritisiert. Falscher Gottesdienst und falsche Prophetie, Religion als Deckmantel für politische, ideologische oder wirtschaftliche Interessen finden in Jeremia einen scharfzüngigen Widerspruch.

Die Konsequenzen sind für Jeremia extrem hart. Er wird von Beginn an systematischer Verfolgung ausgesetzt. Jeremia wird regelmäßig bespitzelt. Die Menschen werden gezielt gegen ihn aufgebracht, sogar zwischen ihm und seinen Verwandten wird ein Keil getrieben. Nur knapp entgeht er einem Mordanschlag. Er wird mehrfach festgesetzt, gefoltert, gedemütigt, unter Anklage gestellt. Er erhält Rede- und Tempelverbot.

„Denn ich höre, wie viele heimlich reden: »Schrecken ist um und um!« »Verklagt ihn! « »Wir wollen ihn verklagen! « Alle meine Freunde und Gesellen lauern, ob ich nicht falle: »Vielleicht lässt er sich überlisten, dass wir ihm beikommen können und uns an ihm rächen. « (Jeremia 20)

Weil er immer und immer wieder auf die drohende politische, religiöse und militärische Katastrophe hinweist, wird er der „Heereszersetzung" angeklagt und in einer halb ausgetrockneten Zisterne gefangen gehalten. Wie Kassandra und viele ihrer geistlichen Geschwister ist Jeremia unverstanden, abgelehnt, verfolgt und einsam. Das bringt den Propheten auch in Konflikt mit seinem Gott. Ist er nur Werkzeug und Spielball? Welcher Sinn liegt darin, zu reden, wenn doch keiner hören will? *„Da dachte ich: Ich will nicht mehr an ihn denken und nicht mehr in seinem Namen predigen."* (Jer. 20,9) Jeremia will hinschmeißen, aufhören, Ruhe haben. Sein Glaube ist an die Grenze gelangt, seine Kraft erschöpft. Aber es gelingt Jeremia nicht, seinen Auftrag abzuschütteln. Gottes Geist wirkt in ihm zu mächtig: *„Aber es ward in meinem Herzen wie ein brennendes Feuer."* (Jer. 20,9) Der Misserfolg taugt nicht als Gegenargument. Die Ohnmacht genügt nicht, um den Auftrag zu beenden. Die Wahrheit braucht Zeugen. Und so muss weiter bezeugt werden.

Ein Lied von Konstantin Wecker hat diese Kassandra – Jeremia – Situation für unsere eigene Geschichte sehr treffend beschrieben. Es ist das Lied von der Weisen Rose, von den jungen Menschen, die ihr Leben gegeben haben, um Zeugen gegen den Frevel, gegen die Gewalt des NS – Systems zu sein. Konstantin Wecker singt:

„Ihr habt geschrien, wo andre schwiegen, auch wenn ein Schrei nichts ändern kann. Ihr habt gewartet, ihr seid geblieben,

ihr habt geschrien, wo andre schwiegen.

Es ging ums Tun und nicht ums Siegen".[2]

Jeremia scheitert anscheinend. Wie Kassandra. Israel erlebt verheerende militärische Katastrophen. Das Nordreich geht unter, das Südreich bricht zusammen, Jerusalem wird eingenommen, ein Großteil der Bevölkerung wird nach Babylon deportiert. Jeremia wird nach Ägypten verschleppt, dort verliert sich seine Spur.

---

[2] https://wecker.de/portfolio-item/die-weisse-rose-2

Kassandra und Jeremia sind tragische Gestalten. Doch sie sind auch wunderbare, großartige Menschen. Sie bewahren ihre Menschlichkeit inmitten der Barbarei. Umgeben von Opportunismus, Feigheit und Lüge wagen sie es, Widerspruch, Mut und Wahrheit zu äußern. Sie tun dies, weil sie nicht anders können. Mythologie und Bibel beschreiben diese Haltung als Gabe. Wir brauchen solche Menschen. Und wir können nur hoffen, dass Gott immer wieder Menschen in dieser Weise begeistert und beauftragt.

Kassandra und Jeremia geraten ganz tief auch in Zweifel. Sie fragen sich, ihren Auftrag, auch ihren Glauben an. Jeremia wäre fast an seinem Gott verzweifelt. Doch ganz tief verborgen, auf dem Grund ihrer Seelen, trägt sie eine Hoffnung, die alle menschlichen Erfahrungen und Maßstäbe übersteigt. Ohne diese Hoffnung würde nur Verzweiflung bleiben, und Trotz. So weist diese Hoffnung über unsere Grenzen hinaus.

„HERR, du hast mich überredet, und ich habe mich überreden lassen. Du bist mir zu stark gewesen und hast gewonnen; aber ich bin darüber zum Spott geworden täglich, und jedermann verlacht mich. Denn sooft ich rede, muss ich schreien; »Frevel und Gewalt! « muss ich rufen. Denn des HERRN Wort ist mir zu Hohn und Spott geworden täglich. Da dachte ich: Ich will nicht mehr an ihn denken und nicht mehr in seinem Namen predigen. Aber es ward in meinem Herzen wie ein brennendes Feuer, in meinen Gebeinen verschlossen, dass ich's nicht ertragen konnte; ich wäre schier vergangen.

Denn ich höre, wie viele heimlich reden: »Schrecken ist um und um! « »Verklagt ihn! « »Wir wollen ihn verklagen! « Alle meine Freunde und

Gesellen lauern, ob ich nicht falle: »Vielleicht lässt er sich überlisten, dass wir ihm beikommen können und uns an ihm rächen.«Aber der HERR ist bei mir wie ein starker Held, darum werden meine Verfolger fallen und nicht gewinnen. Und nun, HERR Zebaoth, der du die Gerechten prüfst, Nieren und Herz durchschaust: Lass mich deine Vergeltung an ihnen sehen; denn ich habe dir meine Sache befohlen. Singet dem HERRN, rühmet den HERRN, der des Armen Leben aus den Händen der Boshaften errettet!" (Jeremia 20)

Maria Magdalena

[Predigt im Rahmen einer Reihe zu biblischen Frauengestalten]

Die Salbung

Die Evangelien sind an dem Punkt sehr klar:

die Frau, die Jesus mit großer Leidenschaft salbt, bleibt anonym. Wäre es tatsächlich Maria aus Magdala gewesen, so sie wäre auch benannt worden. Jedoch bestand in der neuen Kirche das Bedürfnis, weibliche Spiritualität und den Einfluss von Frauen zurückzudrängen. Die beliebte Maria Magdalena konnte nach Meinung der männlichen Exegeten herabgestuft werden, indem man sie mit der unbekannten Frau der Salbung gleichsetzt. Schließlich war hier von einer Sünderin die Rede, unschwer als Prostituierte zu erkennen.

Andererseits hat diese Gleichsetzung durchaus etwas reizvolles. Maria Magdalena war der Mensch, der Jesus wohl am nächsten war. Sie war die Frau, die ganz unmittelbar mit Jesus in Kontakt stand. Die Phantasie, dass eine erotische Beziehung die beiden verbunden hat, taucht bereits frühzeitig auf und beschäftigt bis heute die Gemüter. Andere Mythen kennen eine ausdrückliche Persönlichkeit, die für Sinnlichkeit und Erotik verantwortlich sind, meist in weiblicher Form: Hathor in Ägypten, Freya bei den nordischen Völkern, Aphrodite im Hellenismus. Jüdisch gesehen könnte diese Rolle Schulamit, die Geliebte im Hohelied übernehmen und wir Christen dürften uns hierbei gern auf Maria Magdalena einigen.

Provokation (vom lateinischem *provocare* ‚hervorrufen', ‚herausfordern')
Als Provokation beschreiben wir eine Verhaltensweise, die als Regelverletzung aufgefasst wird. Sie löst meist Ärger und Abwehr aus, mitunter jedoch kann mit einer Provokation auch ein tieferes Nachdenken, neue Einsichten und Umkehr ausgelöst werden. Wir kennen Provokationen, die heilsam sind, wenn sie von Liebe getragen werden.

Ein frommer Mann, der die Gebote Gottes sehr ernst nahm, lud Jesus zu sich als Gast. Es hätte so schön werden können, wäre da nicht dieser missliche Zwischenfall geschehen. Da platzte diese Frau herein. Sie war bekannt für ihren Lebenswandel und ihre zweifelhaften Geschichten. Und sie fing an, Jesus mit Öl zu salben. Warum provozierte sie die versammelte Gesellschaft mit ihrer Aktion?

Doch das war nicht das Schlimmste. Nein, dieser Jesus, angeblich ein Prophet, der Gottes Reich verkündigte, dieser Jesus ließ es geschehen! Wieso ließ er sich von diesen sündigen Händen berühren? Wäre er tatsächlich im Auftrag Gottes unterwegs, er hätte sofort Zeder und Mordio schreien müssen! Oder?

Der Gastgeber war tüchtig im Studium der Schrift, im Gebet und im Hören auf Gottes Weisung. Jedoch war er in Gefahr, mit seiner Frömmigkeit vor allem sich selbst im Blick zu haben. Ihm mangelte es nicht an Gottesfurcht, jedoch an Barmherzigkeit und der Fähigkeit zu lieben.

Die Frau hatte in ihrem Leben gewiss nicht alles richtig gemacht. Aber sie hatte den Blick für ihre Mitmenschen nicht verloren. Sie besaß die Fähigkeit, mit ihren Augen, Ohren, Händen und Herzen zu lieben. Sie fragte nicht danach, was die Leute redeten. Sie war zu schutzloser Liebe fähig.

Ihre Provokation war eine Provokation aus Liebe. Sie spürte bei Jesus ein so tiefes Angenommen sein, so viel Achtung und Würde, dass sie trotz Bedenken nicht anders konnte, als ihn mit dem Öl zu zeigen, wie sehr sie ihm verbunden war. Sie war es, die Jesus nah kam, ihn berührte, auf stumme Weise ihr Herz ausschüttete, ihm ihre wunde Seele offenbarte. Der Gastgeber dagegen blieb die ganze Zeit in Sicherheitsabstand. Er wollte lieber mit seinem Verstand analysieren und konnte nicht wirklich mit dem Herzen dabei sein.

Liebe provoziert oft. Nicht, dass sie das will. Es geschieht einfach. Es geschieht deshalb, weil oft andere Dinge wichtiger genommen werden. Regeln zum Beispiel, oder Wertungen gegenüber Menschen, oder eigene Interessen. Die Liebe aber geht über diese menschlich gesetzten Grenzen hinaus. Auch Jesus musste das immer wieder erfahren, dass seine Liebe zu dem Menschen – eine Liebe, die Menschengrenzen nicht akzeptiert, eine Liebe, die sich gerade den Ausgegrenzten, Ausgestoßenen, Gescheiterten und Schuldbeladenen zuwendet – als Provokation empfunden wurde. Sein respektvoller Umgang mit Frauen erregte oft Anstoß und Ärgernis. Wirkliche Liebe hat ach so wenig mit Kitsch, Romantik und Zuckerguss zu tun. Wirkliche Liebe stört den reibungslosen Ablauf kalter Strukturen und Herzen. Wirkliche Liebe gerät immer in Gefahr, missverstanden, verleumdet zu werden.

Wirkliche Liebe ist ein Risiko, denn sie kann als Provokation gewertet und ans Kreuz genagelt zu werden.

Glaube und Liebe sind letztlich Provokationen Gottes an die Welt, an uns Menschen, die heilen können. Diese Provokation aus Liebe schreibe ich sehr gern der Maria aus Magdala zu. In diesem Sinn lasst auch uns provokativ werden.

Maria Magdalena – Jüngerin und Leiterin der Gemeinde

Das ökumenische Heiligenlexikon schreibt[3]:

„Maria hat ihren Beinamen wohl nach ihrem Heimatort Magdala - dem heutigen Migdal in Israel. Maria schloss sich Jesus als Jüngerin an, nachdem der sie von Besessenheit befreit hatte. Der Jüngerkreis Jesu war größer als die bekannten zwölf Männer und umfasste auch Frauen, unter denen Maria offenbar eine besondere Stellung hatte, denn die Listen der Frauen im Neuen Testament werden stets von ihr angeführt. Maria sorgte - wie andere Frauen auch - insbesondere für Jesu Lebensunterhalt."

Die Herabstufung der Frau, ihren Ausschluss von kirchlichen Ämtern und die Verweigerung, Frauen zu ordinieren bzw. zu Priesterinnen zu weihen, kann nicht wirklich ernsthaft mit dem biblischen Befund in Einklang gebracht werden. Die allseits bekannten zwölf Jünger haben eine symbolisch-mythologische Bedeutung. Die zwölf symbolisiert im Allgemeinen Vollkommenheit und Fülle. So kennen wir heute 12 Monate als Vollendung eines Jahres bzw. 12 kosmische Sternzeichen für einen abgeschlossenen Zyklus und die kosmische Ordnung. Das Volk Israel bestand in biblischen Zeiten aus den 12 Stämmen, die sich auf die 12 Söhne Jakobs zurückführten. Diese 12 symbolisiert nicht allein das gesamte Volk Israel, es weist stellvertretend auch darauf hin, dass die ganze Menschheit zu Gott gehört. Der griechische Begriff „Jünger" wird aber für Männer und Frauen gleichsam verwendet. Maria Magdalena wird ausdrücklich als Jüngerin im Lukasevangelium

---

[3] https://www.heiligenlexikon.de/BiographienM/Maria_Magdalena.html

benannt. Maria und Jesus gehen sehr vertraut miteinander um. Oft kommt es vor, dass die Zwölf ihren Meister nicht verstehen, während Maria genau weiß, was und warum er es will. Maria Magdalena war der Mensch, der Jesus wohl am nächsten war. Sie war die Frau, die ganz unmittelbar mit Jesus in Kontakt stand. Jesus redet von seinem Leidensweg. Doch davon wollen die Zwölf nichts wissen. Sein Tod würde doch all ihre Hoffnungen zerstören. Sie halten ihre Ohren zu, sie verschließen ihr Herz. Angst macht sich in ihnen breit. Maria spürt intuitiv, mit der Stärke einer Frau, dass Jesus dem Tod nahe ist. Und sie nimmt beide, den Tod und ihren Meister, ernst. Deshalb wendet sie sich nicht von Jesus ab, sondern noch tiefer, bewusster ihm zu. So lang sie es kann, berührt sie Jesus. Unter dem Kreuz schenkt sie ihm ihre Zuwendung und ihren Mut. So stärkt sie Jesus im Augenblick des größten Schmerzes. Weil sie liebt, ungeschützt und bedingungslos, weil sie liebt wie eine Frau, hält sie den Anblick des Kreuzes, hält sie auch den Anblick des Todes aus. Sie war Jesus von allen am nächsten, auch noch auf Golgatha. Liebe ist stark wie der Tod, so singt es im Hohelied.

Maria Magdalena ist stark, weil sie liebt. Sie hat Jesus, sie hat das Wesen des Evangeliums tatsächlich verstanden; nicht mit dem Kopf, sondern mit ihrem Herzen. Nicht mit Rationalität, sondern mit ihrer Seele. Dass sie dabei dennoch und gleichzeitig eine sehr kluge Frau war, steht nicht in Frage und bedeutet auch keinen Widerspruch.

Nach Ostern nimmt sie in der Gemeinde einen wichtigen Platz ein. Sie wird in manchen Schriften als Apostelin bezeichnet. Andere behaupten, sie wäre die erste Bischöfin gewesen. Die Kirche hat wesentliches verloren, als sie diese Frau und ihre Geschichte Schritt für Schritt verdrängt und umgedeutet hat. Sie hat mit der Abwertung von

Weiblichkeit sogar die Intention des Evangeliums verraten. Aber Gottes Geist, in hebräischer Sprache übrigens eine weibliche Person, hat immer wieder der Maria Magdalena Raum geschaffen, in Person von mutigen, glaubensstarken, liebevollen Frauen, die bis heute Kirchen- und Glaubensgeschichte schreiben.

Postsciptum [4]:

„Vatikan wertet Rolle der Maria Magdalena auf Der Vatikan hat die Rolle der heiligen Maria Magdalena aufgewertet und sie liturgisch den Aposteln gleichgestellt. Der bisherige „gebotene Gedenktag" am 22. Juli werde in der katholischen Kirche in ein „Fest" umgewandelt, teilte der Vatikan am Freitag mit. Ein kleiner Schritt aufwärts im „Who is who" der Heiligen, aber ein großer Schritt für die Wertschätzung der Rolle von Frauen in der Kirche", schrieb Radio Vatikan in seiner Onlineausgabe am Freitag zu der Entscheidung."

---

[4] https://religion.orf.at/v3/stories/2779591/

Marguerite Porete

[Predigt aus einer Reihe über Mystik]

Denn der HERR ist der Geist; wo aber der Geist des HERRN ist, da ist Freiheit. 2. Kor. 3,17

Lebensdaten historischer Persönlichkeiten aus dem Mittelalter zu rekonstruieren, stellt uns heute vor manche Schwierigkeit. Es gab einst keine Geburtsurkunden. Schriftliche Zeugnisse gingen in den Wirren der Zeit oft verloren. Die Menschen hatten mehr Interesse an guten Geschichten und berührenden Legenden denn an exakten Dokumenten. So bleibt selbst bei namentlich bekannten und berühmten Menschen Vieles bis heute im Dunkeln.

Dies gilt noch umso mehr, wenn es sich um eine weibliche Persönlichkeit handelt. Deren Lebenslauf wurde meist nicht wichtig genommen und nur dann überliefert, wenn es sich um eine Königin, Heilige oder Ketzerin gehandelt hat.

Auf Marguerite Porete trifft allerdings alles dies zu:

Sie war eine Königin der bedingungslosen Liebe, eine Heilige des freien göttlichen Geistes, eine Ketzerin mit Haltung, Mut und Gewissen.

Dennoch bleiben auch bei Marguerite Porete viele Dinge im Schatten der Geschichte verborgen. So ist ihr Geburtsdatum nicht bekannt. Markanter Weise brannte sich ihr Todestag umso deutlicher in das kollektive Gewissen ein: es war der 01. Juni 1310. An diesem Pfingstmontag wurde die selbstbewusste Begine in Paris dem Feuer auf einem Scheiterhaufen übergeben. Was als zynische Sequenz von den frommen Mördern gedacht war, ganz gezielt das Fest des Heiligen Geistes zu missbrauchen, um Marguerites Werk zu diffamieren, erweist sich im Nachhinein als eine makabre Würdigung dieser geistbegabten Frau. Sie wurde zu einer Märtyrerin des Heiligen Geistes: *denn unser Gott ist der Geist, und wo der Geist dieses unseres Gottes weht, da ist Freiheit!*

Marguerite Porete wurde eine der ersten Beginen, gegen die ein Prozess durch die Inquisition betrieben und mit dem vollstreckten Todesurteil beendet wurde. Auslöser für solch rabiates Vorgehen der männlich dominierten Kirchenhierarchie war ein Buch. Es nennt sich „Spiegel der einfachen Seelen". Bereits, dass ein solches Buch existierte, war eine Provokation. Frauen durften sich offiziell nicht mit Theologie befassen, geschweige denn sich mit eigener Autorität zu theologischen Fragen äußern. Frauen war es ausdrücklich verboten, ohne eine entsprechende, nur selten gewährte Ausnahmegenehmigung der männlichen kirchlichen Autoritäten zu predigen oder zu lehren. Deshalb erregte bereits die Tatsache offiziellen Ärger, dass Marguerite grundlegende religiöse Positionen vertrat und diese auch noch veröffentlichte. Als ihre Schrift zudem großen Anklang fand, schrillten bei der Inquisition die sündhaften Alarmglocken. Doch auch der Inhalt ihres Buches brachte die Hüter der angeblich rechten Lehre auf die Palme. Im „Spiegel der einfachen Seelen" wird nichts anderes als ein mystischer Weg beschrieben, bei dem die menschliche Seele zu Gott aufsteigt und schließlich mit dem Urgrund der Liebe verschmilzt. Der „Fernnahe", wie Marguerite Gott nennt, war „unfasslich außer durch sich selbst". Erfahrbar war Gott letztlich allein, indem sich die Seele vollkommen und ohne weitere Absicht der Liebe überlässt. Die Seele, eins mit Gott in der Liebe, erlangt so vollkommene Freiheit. Sie ist nun weder der Vernunft noch den Tugenden, weder kirchlichen Autoritäten noch deren Heilsvermittlungsangeboten unterworfen. Die freie Seele schert sich dabei auch nicht um Himmel und Hölle, denn Liebe ist nur dann vollkommen, wenn sie auch vollkommen absichtslos ist. Christsein bedeutet für Marguerite, in einer unaufhebbaren Liebesbeziehung zu Gott zu leben; denn *„Gott ist die Liebe, und wer in der Liebe bleibt, der bleibt in Gott und Gott bleibt in ihm (1. Johannes 4,16).*

Zu dieser innigen, von weltlichen Dingen, Mächten und Autoritäten unabhängigen Gottesbeziehung zu gelangen, darin besteht der Weg der Seele.

Hier klingt eine Nähe zu anderen Mystikern ihrer Tage an; zu Mechthild von Magdeburg oder Meister Eckardt zum Beispiel. Andererseits lässt Marguerite durchaus Themen anklingen, die später auch von den Reformatoren aufgegriffen werden. Es war riskant, damit auch noch an die Öffentlichkeit zu treten. Doch Margerite fürchtet weder tugendhafte Teufel noch vernunftbegabte Höllen; wie sollte sie vor einer Handvoll vergänglicher, der eigenen Eitelkeit unterworfener irdischer Gewalten Angst haben? Liebe befreit die Seele, und eine freie Seele kehrt niemals in irgendeinen Kerker zurück; erst recht nicht in die Kerker aus Furcht und Angst. Sie erfüllt mit ihrem Zeugnis und Leben das biblische Wort aus 1. Johannes 4, 18: *„Furcht ist nicht in der Liebe, sondern die vollkommene Liebe treibt die Furcht aus“.*

Konsequent bezeugt Marguerite ihren Glauben. Sie soll widerrufen. Doch kann diese mutige Frau die Liebe und damit Gott höchstselbst widerrufen? Sie lehnt selbstbewusst die von den Inquisitoren angebotenen Notausgänge ab. Liebe kennt keinen Notausgang. Größer kann die Kluft zwischen ihr und ihren Anklägern nicht sein. Marguerite ist eine Königin der bedingungslosen Liebe, eine Heilige des freien göttlichen Geistes, eine Ketzerin mit Haltung, Mut und Gewissen. So wird sie zu einer Märtyrerin der Beginen, zu einer Märtyrerin des Heiligen Geistes, weil Liebe und Freiheit ihr mehr bedeuten als ein fragwürdiges Überleben in einer durch und durch korrupten Welt.

Ihre Schrift wird von der Inquisition ebenfalls symbolträchtig verbrannt. So bewahrheitet sich eine Aussage, die hunderte Jahre später Heinrich Heine postuliert: „Wer Bücher verbrennt, verbrennt auch Menschen". Ich füge hinzu: und umgekehrt.

Der „Spiegel der einfachen Seelen" gewann aber auf diese Weise geradezu Kultstatus. Er verbreitete sich umso mehr, je verbissener seine Gegner dagegen arbeiteten. Bald kursierten Übersetzungen in Latein, Englisch und Italienisch. Der „Spiegel der einfachen Seelen" wurde nicht allein bei Beginen eine begehrenswerte Lektüre. Weibliche Spiritualität und mystisches Erkennen gewannen durch Marguerites Schrift unschätzbare Unterstützung.

Allerdings fand nach der Hinrichtung seiner Autorin dieses Buch nur noch eine anonyme Verbreitung. Erst im Jahr 1946 wurde Marguerite auch als Autorin rehabilitiert. Die Historikerin Romana Guarnieri konnte belegen, dass „Der Spiegel der einfachen Seelen" aus Poletes Feder stammt. Sie hätte das sicher gefreut, auch wenn sie wahrscheinlich angemerkt hätte:

„Ihr Lieben, die Liebe und die Freiheit sind wichtig. Hat mein Büchlein dafür Zeugnis gegeben, so war es doch gut und richtig. Ob ich es verfasst, ihr Lieben, ist letztlich unwichtig.“

Hier möchte ich ausnahmsweise dieser wunderbaren Frau widersprechen.

Rebellische Geister in der Kunst

Hieronymus Bosch

[Predigt aus Anlass des 500. Todestages dieses niederländischen Malers]

„Boschs Werk gibt mir mehr Rätsel mit, als ich nachts in meinen Träumen bewältigen kann" [5] *Cees Nooteboom*

Wer war zum Henker dieser Typ?

Jeroen van Aken verließ diese Welt vor 500 Jahren in der niederländischen Stadt 's-Hertogenbosch, seinem Geburtsort, den er wohl nie für längere Zeit verlassen hat. Die Welt erblickte der Maler vermutlich um 1450. Sein Vater hieß Antonius van Aken, weil seine Vorfahren aus Aachen in die Grafschaft Geldern eingewandert waren. Und so, als Jeroen van Aken, taucht der Maler auch in den zeitgenössischen Dokumenten auf. Nur auf den eigenen Bildern signierte er als Hieronymus Bosch, aber dies genügte, um den Namen Hieronymus Bosch durchzusetzen.

Er heiratete eine begüterte Patrizierstochter und wohnte in zentraler Ortslage. Dort unterhielt Hieronymus seine Werkstatt mit mehreren Gesellen.

Damals war 's-Hertogenbosch, unweit von Amsterdam gelegen, ein wichtiger Knotenpunkt für Handel und Wandel. Hier kam allerlei Volk zusammen: Bauern und Handwerker, Bettler und Gesindel, Mönche und Pilgersleut', Könige und Ratsherren, Schankwirte und Dirnen. An Markttagen wimmelte es in der Stadt von sonderbaren Gestalten. Die

---

[5] https://www.welt.de/kultur/kunst-und-architektur/article152523213/Warum-in-der-Hoelle-gelacht-werden- darf.html

Kathedrale war ein Wallfahrtsort. Und Hinrichtungen stellten ein öffentliches Ereignis dar. Hieronymus hatte reichlich Gelegenheit, die Gesichter und den Charakter seiner Zeitgenossen zu studieren.

Apropos Kathedrale: deren Bau konnte er in jungen Jahren direkt mit verfolgen. „Auf deren gotischen Bögen tummeln sich 96 monströse Skulpturen, die Bezüge zu seinen Gemälden haben: Dämonen, aufgespießte Heilige, Musikanten, Dudelsackpfeifer, Narren, Tiere, Mischwesen und Teufel." [6]

Hell-heiß lodernde Höllenfeuer, die Schrecken und Qualen auslösen, sind wirklichkeitsnah auf die Leinwand gebannt. Da spiegeln sich ebenfalls eigene Erinnerungen: als Kind musste er mit ansehen, wie 's-Hertogenbosch durch einen Brand zerstört wurde. Diese leidvolle Erfahrung brannte sich tief in sein Gedächtnis ein.

Mit seinen Bildern erzählt er uns bis heute unheimlich faszinierende bzw. faszinierend unheimliche Geschichten. Er beschreibt anschaulich verborgene Realitäten und unsichtbare Landschaften. Er hat geradezu eine Topographie menschlicher Alpträume, seelischer Visionen und überirdischer Lust gestaltet.

Nachfolgende Künstler-Generationen wurden in ihrer Kreativität durch die Bilderwelt von Hieronymus Bosch tief inspiriert. Da wären unter Vielen nur als Beispiel zu nennen: die Maler Francisco de Goya und Salvador Dalí, die Meisterschule der Surrealisten überhaupt. Auch die psychedelische Kunst griff oft und gern auf den Altmeister zurück. Die Schriftsteller Henry Miller, Franz Kafka, E.T.A. Hofmann, Edgar Allen

---

[6] http://www.swr.de/swr2/der-maler-hieronymus-bosch-grenzgaenger-zwischen-paradies-und-hoelle/-/id=7576/did=17849354/nid=7576/wo9a0m/index.html

Poe. Oder die Rockband Deep Purple, die Boschs Bild "Die musikalische Hölle" für ein Plattencover nutzten. Selbst die Filmsprache wurde von diesem niederländischen Ausnahmekünstler beeinflusst.

„Da er aber Jesus sah von ferne, lief er hinzu und fiel vor ihm nieder, schrie laut und sprach: Was habe ich mit dir zu schaffen, Jesus, du Sohn des höchsten Gottes? Ich beschwöre dich bei Gott: Quäle mich nicht!

Denn er hatte zu ihm gesagt: Fahre aus, du unreiner Geist, von dem Menschen! Und er fragte ihn: Wie heißt du? Und er sprach zu ihm: Legion heiße ich; denn wir sind viele.

Und er bat Jesus sehr, dass er sie nicht aus der Gegend vertreibe. Es war aber dort am Berg eine große Herde Säue auf der Weide.

Und die unreinen Geister baten ihn und sprachen: Lass uns in die Säue fahren! Und er erlaubte es ihnen. Da fuhren sie aus und fuhren in die Säue, und die Herde stürmte den Abhang hinunter ins Meer, etwa zweitausend, und sie ersoffen im Meer.

Und die Sauhirten flohen und verkündeten das in der Stadt und auf dem Lande. Und die Leute gingen, um zu sehen, was da geschehen war, und kamen zu Jesus und sahen den Besessenen, der den Geist »Legion« gehabt hatte, wie er dasaß, bekleidet und vernünftig, und sie fürchteten sich.“ (Markus 5)

Frage des Reporters:

„Lassen Sie in der Nacht das Licht an?“ Antwort:

„Das tat ich als Kind. Damals war ich überzeugt, das Licht würde die Monster fernhalten.

Aber das ist dumm.

Denn Monster und Dämonen kommen sowieso.

Das klingt lächerlich, wenn man, wie wir,

am helllichten Tag in einem netten Zimmer sitzt.

Aber allein im Dunkeln ist alles anders.

Da kann immer etwas kommen und einen holen."

So der Altmeister der Horrorgeschichten Stephen King in einem Interview. Die Albträume, die er erlitten

und in Worte gebannt hat, nisten in seinem Gesicht, lassen es beunruhigend und einzigartig erscheinen. [7]

Die Gesichter der Menschen erzählen Geschichten in Legionenzahl. Sie verweisen auf alte Wunden und Verletzungen. Sie beschreiben die Kraft der unsichtbaren Dämonen, die in uns ungefragt Wohnung genommen haben, doch denen wir oft zu bereitwillig die Pforten geöffnet haben. Dämonen mit bedrohlichem Wesen, in unheimlicher Gestalt, als da sind Hass, Angst, Gier, Neid, Bigotterie, Verlogenheit, blinder Eifer, Arroganz, Unbarmherzigkeit, Schadensfreude. Es sind destruktive geistige Kräfte, scheinbar ohne Namen und Gestalt, die in uns sofort die Macht übernehmen – wenn wir sie lassen.

Jeroen von Aken, unser Hieronymus Bosch verstand es vortrefflich, in dem Antlitz seiner Mitmenschen zu lesen. Wahrscheinlich eher ein Fluch denn eine Begabung, erkannte er hinter den künstlich aufgesetzten Masken von Anstand und Frömmigkeit die Brutstätte dämonischer Wesen. Und er hatte die Fähigkeit, sowohl die Macht der unsichtbaren Geister als auch deren irdischen Ausdruck in der Mimik der Menschen auf die Leinwand zu bannen.

---

[7] „Stephen King über seine Ängste und Dämonen" aus https://www.news.at/a/stephen-king-buch-daemonen- interview

Die Neue Züricher Zeitung beschreibt die bleibende Faszination, die vom Werk eines Hieronymus Bosch ausgeht, folgendermaßen:

„Ach, der Mensch mag das Gute lieben, doch das Böse fesselt ihn. Verweilen die Blicke nicht selbst vor gotischen Kirchen eher auf den Fratzen der Wasserspeier denn als auf harmlos blühenden Rosetten?

…Und was ist mit diesen unsäglichen Horrorclowns?" [8]

Horrorclowns mögen eine dekadente Modeerscheinung sein. Gleichzeitig spiegeln sie unsere aktuellen Verunsicherungen und Ängste. Diese plumpen Agitatoren des unberechenbaren Schreckens sind Symbol geworden für die ganz realen Bedrohungen des Terrors, des wiedererwachten Nationalismus, der über Nacht durch freie Wahlen ermächtigten Diktatoren. Unsere Ohnmacht nimmt Horrorclownsgestalt an; und diese kommen uns auf einmal vor wie neu erwachte Gestalten aus einem Bosch-Gemälde.

Der Schrecken hat Unterhaltungscharakter. Seit Urzeiten erzählen sich die Menschen unheimliche Geschichten, in denen Riesen und Zwerge, Geister und Dämonen, Monster und Monströse auftreten. Die besagten Wasserspeier an unseren Kirchen tragen in der Tat verzerrte Fratzen des Schauerlichen. Die Versuchungen des hl. Antonius, in denen er mit hochsexuellen Bedrängungen ebenso kämpft, wie gegen die Machtübernahme durch wilde Geister, wurden in der christlichen Kunst unzählige Male mit Begeisterung als Motiv aufgegriffen. Die Versuchungen des hl. Antonius muten uns an wie eine Blaupause moderner Unterhaltungskultur. Es liegt die Vermutung nahe, dass es eine

---

[8]   https://www.nzz.ch/feuilleton/zeitgeschehen/alptraeume-im-kinofieber-die-monster-die-bosch-rief-ld.127774

Ausdrucksform menschlicher Kultur ist, durch eine bildhafte Darstellung des Schreckens genau diesen Schrecken bannen zu wollen. Wenn dem so ist, dann war Jeroen van Aken einer der großen Meister dieser Kunst. Er konnte dem Unheimlichen, was uns bedroht, Gestalt verleihen.

Die Tiefe seiner Symbolik scheint uns leider verloren gegangen zu sein. Umstritten bis heute, wie die detailverliebten Gemälde mit all ihren sonderbaren Einzelbildern zu deuten sind. Seine religiöse Verwurzelung konnte der Meister geschickt verbergen. Gehörte er einem jüdisch- christlichen Ketzerkreis an? War er von gnostischen oder mystischen Lehren geprägt? Hatte er noch verborgene Bezüge hinein in heidnische Weisheit? Oder war er doch eher der brave Katholik, ein rechtgläubiger Künstler mit einer etwas über die Ufer tretenden Vorstellungskraft?

„Der Wald hat Ohren, das Feld hat Augen" – diese Grafik könnte auf die Bedrohung durch die Inquisition hinweisen, vor der man seine wahren Ansichten verbergen sollte. Es könnte aber auch eine naturreligiöse Beschreibung sein, die davon ausgeht, dass die ganze Schöpfung von Gott beseelt wurde. Andererseits dürfte es aber auch nicht ganz ausgeschlossen werden, dieses Werk ganz anders zu deuten. Selbst nach 500 Jahren bleibt uns der „wahre" Bosch weiterhin verborgen. Oder wie es im Internet zu lesen ist: *„Es gibt noch immer keine Antworten darauf, welcher Mensch das nur gewesen sein kann, gestraft oder gesegnet mit derartiger Fantasie, dass sie uns ein halbes Jahrtausend später noch so bewegt, uns so heutig, modern, erscheint?"*[9]

---

[9]   http://diepresse.com/home/kultur/kunst/5116142/Auf-Safari-in-Boschs-Gstaetten-des-Grauens

Das Großartige daran mag sein, dass wir dadurch frei werden, unsere ganz eigenen Deutungen in Boschs Werk hineinlesen zu dürfen. Seine Gemälde spiegeln Träume – Albträume, Angstträume, mystische Träume, sinnliche Träume, erotische Träume. Es sind Träume voll Schrecken und ein Garten der Lüste. Traumdeutung geschieht intuitiv, subjektiv, symbolistisch. Und ebenso verhält es sich mit der Deutung von Boschs Werken. Jeder, der den Mut hat, in die verwirrend-bedrohliche Welt seiner Bilder hineinzusteigen, wird hinter den Farbschichten vor allem sich selbst finden dürfen.

Doch zunächst treten archaische Mächte von außen auf uns zu. Die Geister von Pflanzen, Tieren, Elementen, die auf den verschiedensten Ebenen der Schöpfung agieren, umgeben unseren Alltag und nehmen Einfluss auf unser Dasein. Sie können uns krank machen oder aber als Schutzkräfte unsere Seele behüten und heilen. Sie können bedrohlich erscheinen oder aber uns zu Visionen, Einsichten und spirituellem Wachstum führen. Wie kommunizieren wir mit den Kräften der Schöpfung. Was können sie uns berichten? Was können sie uns über uns selbst erzählen?

Dostojewski übergab 1873 einen Roman der Öffentlichkeit, der den Titel „Die Dämonen" trägt. Dem Buch hat er genau die Stelle aus den Evangelien vorangestellt, die davon erzählt, wie Jesus quälende Geister aus einem Menschen austreibt und jene in eine Herde Schweine fahren lässt. Auch nach slawischer Vorstellung waren solche Dämonen geistige Mächte, die von Menschen Besitz ergreifen können, sobald dieser den Dämonen Einlass gewährt.

Auch Bosch will den Menschen gerade nicht als etwas darstellen, der hilflos und unschuldig dem Wirken böser Mächte ausgeliefert ist. Gut und Böse wären im Grunde auch nutzlose Kategorien, um das kosmische Geschehen, in das der irdische Mensch letztlich eingebunden ist, adäquat zu deuten. Nicht die Mächte an sich sind böse. Sie bekommen diese Zuschreibung erst dadurch, dass der Mensch diesen in sich den Raum gibt, destruktive, zerstörerische Energie zu entfalten. Es ist der Mensch, der die Dämonen in sich aufnimmt und Wohnung in seinem Herzen gewährt. Dass diese dann im Menschen das Zepter ergreifen und die Herrschaft übernehmen, gehört zur konsequenten Dynamik dämonischer Prozesse. Und so formen die Dämonen durch Mund, Hand und Struktur der Menschen ihre Gestalt. Ja, das ist tatsächlich unheimlich und macht Angst. Wer wachsam beobachtet, wie in den letzten Jahren Hass, Angst, Überheblichkeit, Missgunst und Unbarmherzigkeit menschliche Seelen vergiftet, zu Aggressivität und Gewalt führt und skrupellose Dilettanten zu nationalen Tyrannen krönt, der spürt an Leib und Seele die reale Bedrohung dämonischer Dynamik.

Aber keiner der hier aufgezählten, weder Jesus, noch Bosch, noch Dostojewski, entlastet den Menschen mit ihrer Beschreibung. Im Gegenteil, es ist der Mensch selbst, der diese Dynamik in Gang setzt. Er selbst trägt die Verantwortung.

„Denn aus dem Herzen kommen böse Gedanken, Mord, Ehebruch, Unzucht, Diebstahl, falsches Zeugnis, Lästerung. Das sind die Dinge, die den Menschen unrein machen." (Matthäus 15,19).

Diese Dinge spiegeln sich im Verhalten, aber auch in den Gesichtern der Menschen. Wie gehässig, schadensfroh und mitleidlos können Menschen Anderen Schmerz zufügen und sich daran weiden. Sogar Gott können sie verraten, verhaften, den Prozess machen und töten; ganz ohne jedes schlechte Gewissen.

Wie prägnant vermochte Hieronymus Bosch selbst jene Wirklichkeit darzustellen: „Die Kreuztragung" - Die Gesichter der Menschen erzählen Geschichten in Legionenzahl. Sie verweisen auf alte Wunden und Verletzungen. Sie beschreiben die Kraft der unsichtbaren Dämonen, die in uns ungefragt Wohnung genommen haben, doch denen wir oft zu bereitwillig die Pforten geöffnet haben. Schauen sie einfach nur hin…

Doch Bosch kennt nicht allein den bedrohlichen Nachtmahr[10], des Alptraums wirkmächtige Bilder. Ihm sind ebenso die hellen Träume voll Freundlichkeit, der kraftvolle Garten der Lust vertraut. Wir können Angst, Ohnmacht und Verzweiflung überwinden. Gott hat dies in Jesus Christus im unheimlichen Geschehen der Passion bereits stellvertretend für uns vollzogen. Der Kraft und Erlösung dieser Botschaft können wir unsere Herzenspforte öffnen. Hoffnung und Liebe dürfen in unserer Seele wohnen. Der Engel trägt uns aus der Finsternis ins Licht. Gottes Wirklichkeit in uns wird uns vollständig aufnehmen. Und auch das löst eine eigene Dynamik aus, die sich in unseren Gesichtern, Worten und Taten spiegelt. Und Gott sei Dank konnte auch dies Jeroen van Aken bildhaft darstellen.

---

[10] Niederländisch „nachtmerrie"

Anna Seghers und das 7. Kreuz

[Diese Predigt wurde in einem Gottesdienst gehalten, der am 9. November an die Schrecken der Pogromnacht von 1938 erinnerte.]

Anna Seghers wird unter den Namen Netty Reiling am 19. November 1900 in Mainz geboren. Die Familie bekennt sich zur orthodoxen Israelitischen Religionsgemeinschaft. Die junge Frau promoviert im Fach Philosophie und schreibt die Dissertation *Jude und Judentum im Werk Rembrandts.*

Nach der gescheiterten Flucht vor der deutschen Wehrmacht muss sich Anna Seghers mit ihren Kindern im besetzten Paris verbergen. Ein zweiter Fluchtversuch ins unbesetzte Gebiet gelingt. Nun folgen Bemühungen um die Entlassung ihres Mannes aus dem Gefangenenlager und die Suche nach Ausreisemöglichkeiten.
Die flüchtende Familie gelangt schließlich nach Mexiko City.

Anna Seghers arbeitet auch im lateinamerikanischen Exil für eine breite antifaschistische Sammlungsbewegung. Der US- amerikanische FBI überwachte die Schriftstellerin und sammelte umfangreiches Material.
Nach dem Krieg kommt sie nach Berlin zurück. In der DDR bringt sie sich engagiert ein, kommt aber bald in Konflikt mit der herrschenden Kulturbürokratie. Sie setzt sich für inhaftierte und diskreditierte Kollegen wie Walter Janka, Alexander Solschenizyn und Heiner Müller ein. Ärger gab es auch, als Anna Seghers Kritik an der Diskriminierung jüdischer Menschen und jüdischer Kultur in der Sowjetunion übt.

Auch wenn man auf Grund ihrer internationalen Reputation nicht offen gegen Anna Seghers vorging, so wurde sie doch lückenlos vom Staatssicherheitsdienst überwacht.

Anna Seghers stirbt am 1.Juni 1983.

„Das siebte Kreuz" ist ein Roman von Anna Seghers über die Flucht von sieben Häftlingen aus einem Konzentrationslager während der Zeit des Nationalsozialismus.

1938, in dem Jahr des Novemberpogroms, begann Anna Seghers im Exil die Arbeit an diesem Werk. Das von ihr zugrunde gelegte Konzentrationslager, das KZ Osthofen befand sich auf einem damals stillgelegten Fabrikgelände nahe Worms. Bereits 1939 erschien das erste Kapitel in der Moskauer Zeitschrift „Internationale Literatur". 1942 wurde der komplette Roman in den USA in englischer Sprache und im mexikanischen Exilverlag „El Libro Libre" („Das Freie Buch") in deutscher Sprache veröffentlicht. Ebenfalls 1942 wurde in den USA eine Comic- Fassung verlegt.

Die Handlung des Romans:

1937 bricht Georg Heisler mit sechs Mitgefangenen aus dem Konzentrationslager Westhofen bei Worms aus. Der KZ-Kommandant Fahrenberg befiehlt, die Entflohenen innerhalb von sieben Tagen zurückzubringen. Er lässt die Kronen von sieben Bäumen kappen und an den Stämmen in Schulterhöhe je einen Querbalken anbringen, so dass sieben Kreuze entstehen, eines für jeden Flüchtigen. Sechs der Entflohenen werden entweder gefasst oder kommen auf der Flucht um, doch das siebte Kreuz bleibt frei. Georg Heisler gelingt schließlich die Flucht in Richtung der Niederlande.

„Wasser wäscht Steine weg, und seine Fluten flössen die Erde weg: aber des Menschen Hoffnung ist verloren. Seine Hoffnung wird aus seiner Hütte ausgerottet werden, und es wird ihn treiben zum König des Schreckens. Und dürftest dich dessen trösten, dass Hoffnung da sei. Auch ein Baum hat Hoffnung, wenn er schon abgehauen ist, dass er sich wieder erneue, und seine Schösslinge hören nicht auf." (Hiob 4)

Das siebte Kreuz. Ein Roman, dem ich bereits in der Schulzeit intensiv begegnet bin. Dieses großartige Buch, ein wichtiger Beitrag der Exilliteratur und bereits 1938 eine künstlerische Auseinandersetzung mit dem Terror der Nationalsozialisten.

Anna Seghers war in der DDR eine von den Behörden zwar misstrauisch beäugte, aber in der Öffentlichkeit hoch anerkannte Schriftstellerin. Und so gehörte das siebte Kreuz zur Schulliteratur. Die ergreifend erzählte Geschichte von Häftlingen, denen die Flucht aus dem Konzentrationslager zwar gelungen war, die aber nun, ihre Verfolger im Nacken, um ihr Überleben kämpften. Es war ein ungleicher und eigentlich aussichtsloser Kampf. Die Nationalsozialisten hatten das Land eisern und blutig im Griff. Ihre Macht war total und unangefochten. Jüdischen Menschen, kritischen Intellektuellen und politischen Gegnern blieb nur das Abtauchen in die innere Emigration, die sich schließlich zumindest für die jüdischen Teil als tödlich erweisen musste, oder die Flucht ins Ausland. Antisemitische, rassistische Gesetze bestimmten den Alltag, SS und Gestapo bespitzelten die Bevölkerung und Widerstand konnte direkt ins Lager führen.

In dieser Atmosphäre spielt die Handlung des Romans. Mein Literaturlehrer sprach vom Heldenmut der geflohenen Häftlinge. Ich dagegen erkannte in der Geschichte weniger den Heroismus, sondern vielmehr die Verzweiflung und die Angst. Doch ein weiterer Punkt ließ zwischen mir und meinem Literaturlehrer Sprachlosigkeit entstehen. Es ging um den Titel des Buches „Das siebte Kreuz". Warum sieben, und warum Kreuz?! Beide Angaben erschienen meinem Lehrer zufällig, ohne tieferen Belang. Doch Anna Seghers war eine Jüdin, und die im Titel benannte Symbolik war keinesfalls willkürlich, sondern von tiefer Bedeutung. Es ist religiöse Sprache, die als Schlüssel das Verständnis der Erzählung öffnet.

Die Kreuze stehen für Leid und Tod, dabei aber nicht, wie im christlichen Glauben, für Erlösung und Heil. Der Rückbezug geht bis auf die Besetzung Israels durch das Römische Reich zurück. Pilatus ließ Juden kreuzigen, um die Allmacht des Kaisers durchzusetzen, um den politischen wie religiösen Widerstand Israels gegen die römische Besatzung zu brechen. So weisen die Kreuze im KZ einerseits auf den Antisemitismus der Nationalsozialisten hin, andererseits auf die politische Verfolgung dieses Systems. Die Kreuze symbolisieren die Grausamkeit und den Terror in Deutschland. Sie lassen die Aussichtslosigkeit der Betroffenen sichtbar werden. Wie Rom so wollte der Lagerkommandant des KZs mit den Kreuzen den Triumph über seine Gegner zur Schau stellen. Damals, vor 2000 Jahren, verlor das jüdische Volk seine Staatlichkeit. Es wurde aus seiner Heimat vertrieben und verstreute sich, künftig rechtlos und den Anfeindungen seiner Umwelt ausgesetzt, unter die Völker. Der Nationalsozialismus verfolgte eine kalte, bürokratische Politik des Antisemitismus. Die Kreuze stehen für das Ziel des Nationalismus: die Vernichtung des europäischen Judentums. Und gleichzeitig, da ist Anna Seghers konsequent, für die Vernichtung jeglicher Opposition. Erst wenn man die Kreuze als Mahnmale der Ohnmacht und Verzweiflung versteht, erschließt sich das weitere Symbol der Zahl sieben.

In der jüdischen Tradition ist die sieben eine heilige Zahl. Die Schöpfung erfolgte laut Thora in sieben Tagen. Der siebte Tag in der Woche war Shabbath und dem Herrn geheiligt. Und die Menora, der jüdische Leuchter, besitzt sieben Arme. Die Sieben beschreibt die Vollkommenheit, die Vollständigkeit. Hätte der Lagerkommandant auch das siebte Kreuz mit dem letzten entflohenen Häftling behängt, dann wäre seine Macht tatsächlich total, allumfassend geworden. Doch das siebte Kreuz bleibt leer. Gegen allen Anschein, so beschreibt es Anna Seghers auf diese Weise, haben die Nationalsozialisten noch nicht gesiegt. Es ist ihnen zwar gelungen, das Land zu lähmen, aber noch immer lohnt es sich inmitten der Lähmung Menschlichkeit, Würde und den Willen zum Widerstand zu bewahren. Dieses leere siebte Kreuz wird so zu einer Niederlage der Nationalsozialisten. Es durchbricht Angst, Ohnmacht und Verzweiflung. Das siebte Kreuz steht für die Hoffnung.

Und genau darin liegt die menschliche Stärke des Romans; es entzündet in der Zeit größter Finsternis den Funken der Hoffnung.

Sie hatten schon ans Kreuz gehängt:

Die Freiheit

Die Menschenwürde Das Recht

Den Schutz des Lebens

Die religiöse, politische und kulturelle Vielfalt Die Mitmenschlichkeit

Doch das letzte, das siebte Kreuz blieb leer. Die Hoffnung blieb bei den Menschen. Sie gab Mut, Kraft zur Solidarität mit den Verfolgten, zum Widerstand im Kleinen oder Großen. Sie wurde zu einer Waffe gegen die Tyrannei. Sie, die Hoffnung, bewahrte die Menschlichkeit.

Das siebte Kreuz – ein hochpolitischer, auch ein religiöser und vor allem zutiefst menschlicher Roman. Und seine Botschaft bleibt aktuell, bis in unsere Zeiten.

Gebet

„Wie anders wäre unser Land, wenn sie noch da wären: Die Seligmanns, die Mandelbaums, die Salomons.

Wir sind ärmer geworden ohne sie.

Und wir trauern um die jüdischen Mitmenschen, die wir verloren haben.

Gott, wir denken an die Überlebenden.

Jüdinnen und Juden, verstreut in der Welt und hier in Deutschland. Verletzt an Leib und Seele.

Die ihre Angehörigen verloren, ihre Freunde, ihre Heimat. Von Albträumen geplagt, bis heute.

Heile sie.

Gott, wir denken an die Kinder und Enkelkinder der Überlebenden. Die die Albträume ihrer Vorfahren träumen,

die sich heimatlos fühlen, kleingemacht – immer noch. In Angst vor neuer Verfolgung. Tröste sie.

Gott, wir denken an die Verblendeten bei uns.

Die mit engem Herzen und ohne Verstand Menschen das Leben schwermachen.

Die nicht ertragen können, dass andere anders glauben,

aus anderen Ländern kommen,

anders leben als sie selbst.

Verändere sie.

Gott, wir denken an die Menschen,

die sich für Toleranz einsetzen.

Die helfen und nicht wegschauen.

Die ihre Stimme erheben, wo Menschen erniedrigt werden.

Die sich freuen über neues jüdisches Leben bei uns.

Stärke sie.

Dir, Gott, gehören alle Menschen, in dieser und in der kommenden Welt. Amen." [11]

---

[11] aus Gottesdienstbuch in gerechter Sprache, S. 156

„Na dann, Charles Bukowski, alter Knochen! Mach's gut. Bis später"

[Szenische Andacht für die Konferenz der kirchlichen Jugendarbeit in Thüringen]

Zur Vorbereitung:

Auf dem Tisch liegen Tabak, Zigarettenpapier, ein Aschenbecher, Bierbüchsen, Notizzettel, eine Schreibmaschine und Bücher herum.

„Es gibt Antworten, die nur die Oberfläche ankratzen. Wir kratzen immer nur an der Oberfläche. Weil wir noch nicht Mensch genug oder real genug sind, um zu sagen, auf was es uns wirklich ankommt" *Charles Bukowski.*

Charles Bukowski, du hast mit deiner Literatur provoziert. Deine Offenheit war deine Stärke. Aber sie hat so Manchen und so Manche auch tierisch genervt. Deine Literatur war den Frommen zu lasterhaft, den Anständigen zu unmoralisch, den Feministinnen zu sexistisch. Und, Buk, um offen zu bleiben: sie hatten ja auch recht. Des Menschen größte Stärke ist immer zugleich auch seine tiefste Schwäche. Das Eine ist nun mal ohne das Andere nicht zu haben. Aber wem sage ich das…

Buk, du hast radikal das Wort „asozial" relativiert. Du hast Asoziale beschrieben, die zu mehr Wärme, Zärtlichkeit und sozialem Verhalten fähig waren, als die verächtlich Wertenden aus der sogenannten Mittel- oder Oberschicht. Mit deinen Erzählungen hast du Menschen zum Leben erweckt, die du mir so nähergebracht hast.

Du warst Underground-Poet und hast in Zeitschriften veröffentlicht, die so bezeichnende Namen wie „The Outsider" trugen. Ach, du nerviger, alter Mann, wie gut, dass es dich gab.

Prediger Salomo, wie Bukowski ihn vielleicht übersetzt hätte:

„...

Nüchtern sein hat seine Zeit

Besoffen sein hat seine Zeit

Gewinnsträhne hat seine Zeit

Alles verlieren hat seine Zeit

Geld in der Tasche hat seine Zeit

Abgebrannt sein hat seine Zeit

Partnerschaftssex hat seine Zeit

Masturbieren hat seine Zeit

Berühmt sein hat seine Zeit

Einer von Zehntausend sein hat seine Zeit

Unterkommen hat seine Zeit

Auf der Straße liegen hat seine Zeit

Stress mit den Cops hat seine Zeit

Und in Ruhe gelassen werden hat seine Zeit

Es ist, wie es ist.

Versuche immer, den Zipfel zu fassen

Und mach' das Beste draus."

Na dann, Bukowski, alter Knochen...

Vor Jahren schon hast du dich einfach aus dem Staub gemacht. Dabei wolltest du doch noch einen Haufen Scheiß zusammenschreiben. Okey, irgendetwas kam dazwischen. Oder richtiger: irgendjemand. Nämlich Gevatter Hein, der Knochenmann. Oder wie nennt ihr diesen Typen in Los Angeles? Na, du wirst schon wissen, warum du dich ausgerechnet mit dem eingelassen hast. Also Prost auf deinen Tod, damit auch der anfängt zu torkeln.

Bukowski, noch immer liegen 'ne Menge leerer Six Packs und Weinflaschen rum. Was damit wird, braucht dich nicht zu kümmern. Aber ebenso flattern bekritzelte Zettel mit Gedichten und Stories durch die Küche. Dich hat der Gedanke fasziniert, dass selbst nach deinem Ableben noch Neuerscheinungen von dir auf den Markt kommen werden.

Irgendwann Mitte der 1950ger Jahre fingst du an, deine Welt durch eine klapprige Royal-Schreibmaschine Literatur werden zu lassen. Du hast einfach deine Geschichten erzählt. Verstehe mich jetzt bitte nicht falsch. Buk, ich sage ja nicht, dass deine Gedichte nix taugen oder dass deine Romane mies gemacht wären. Aber es waren nun mal deine Short Stories, die mich nach Bukowski lesesüchtig machten.

Du konntest Geschichten erzählen, Geschichten vom sogenannten „Bodensatz der Gesellschaft", von Arbeitslosen und Pennern, von Säufern und Spielern, von Bier und Wein und Sex und Bordellen. Von Menschen, die durch dich eine Stimme bekommen haben, von deren Da-sein ich allein durch dich erfahren habe. Was weiß ich schon vom Alltag der Arbeits-, Obdach- und Hoffnungslosen? Von deren Fühlen, Über- und Ausleben, Fürchten und Träumen? Du warst und du bleibst ein Schriftsteller derer, die nicht nach Existenz, sondern nach Leben gieren. Die doch immer wieder auf's Kreuz gelegt werden und doch immer wieder aufstehen und erneut gierig nach dem Leben greifen.

Was weiß ich vom Alltag der Verlierer. Und glaub mir, Buk, davon gibt's auch in meiner Nähe mehr als genug. Verdammt, Buk, was weiß ich davon? Durch deine Erzählungen durfte ich etwas davon ahnen. Durch dich konnte sich deren Welt und Wirklichkeit mit meiner Welt und Wirklichkeit berühren.

Prost, Herr Charles Bukowski, du alter Knochen!

Weißt du, deine Erzählungen rückten mir ganz nah auf die Haut, als ich damals ohne Job in einer besetzten Bude mit absolut billigem Wein, selbstgedrehten Zigaretten und einer wunderschön-sinnlichen Frau in einer chaotischen Stadt nur das Heute im Blick hatte. Was lagen wir damals im Bett, tranken und träumten, probten tausend Variationen der Wollust, hörten die Songs von Tom Waits und lasen deine Geschichten. In diesen Tagen, da haben sich unsere Welten nicht nur berührt. Sie sind sogar etwas ineinandergeflossen.

Du wusstest, wovon du redest. Dein Erzählen wurde aus Beobachtung und eigenem Erleben geboren. Jede Menge Sachen hast du getrieben: warst im Knast und im Armenhospital, bei der Post und im Irrenhaus. Hast als Tankwart, Nachtportier, Hafenarbeiter und Bordellwerbetexter gejobbt. Hast Rennbahnwetten gewonnen und haushoch verloren. Bist hier und da mal untergetaucht und meistens über 'ne Bar wieder an die Oberfläche gekommen. Du hast dich oft gefühlt wie der miese Knochen, der den Leuten die Stimmung verdirbt.

Aber wenn du geschrieben hast, warst du voll dabei, voll drauf. Du warst schmerzhaft ehrlich. Du wolltest die Wirklichkeit, deine Wirklichkeit beschreiben. Ohne Selbstzensur im Kopf oder Herz, ohne künstliche Schnörkel oder charmante Lügen.

In der Zeitschrift „Rolling Stone" (1976) schrieb Glenn Esterly etwas über dich, das hat mir gefallen. Er sagte, du schreibst „angetrieben von einer Mischung aus Whisky, Wut und Verzweiflung ... in einer knallharten Sprache, schonungslos ... aber auch immer wieder gekennzeichnet von einer Fähigkeit zum Mitleiden, für die es sich lohnt, weiterzuleben."

Du hast schmerzhaft ehrlich erzählt, aber auch mit einer rauen Zärtlichkeit, bei der durch all den Schmutz und aller Finsternis auch die Würde der Menschen hindurch schimmerte.

Da gibt es eine Erzählung aus dem Band „Leben und Sterben in Unkle Sams Hotel". Du und Linda, ihr steht mächtig auf'm Schlauch. Ihr habt kaum noch Geld. Ihr beschäftigt euch so lang ausgiebig im Bett miteinander, bis euch die Kraft und Puste ausgeht. Dann trinkt und treibt ihr so vor euch hin. Du versuchst vergeblich, irgendeinen miesen Job abzufassen. Aber dann kommt Besuch. Die Gäste haben grad ein paar Dollar von der Stütze erhalten und prompt wird eine Party gestartet. Doch am Ende verlierst du dein Zimmer. Und irgendwie kommt dir auch Linda abhanden. Der Schlusssatz lautet: *„damit genug von dieser Story".*

Mich erinnert diese Erzählung an den biblischen König Salomo. Ich weiß wirklich nicht, Buk, ob und wie intensiv du je Bibel gelesen hast. Aber ich bin mir sicher, dass dir manche Stories und einige Typen darin echt gefallen würden. Zum Beispiel Noah, der sich nach der Sintflut so richtig volllaufen lässt. Gerade mal knapp dem Ertrinken entronnen, gibt sich Noah hemmungslos dem Betrinken hin. Genau dein Humor, Buk. Oder Thamar, die sich weiblich-raffiniert ihr Recht holt. Trickreich verführt sie ihren Schwager Juda und überführt ihn mit sexueller Aktivität der Doppelmoral. Und dass eine Prostituierte, die Frau Rahab nämlich, in den heiligen Schriften ausdrücklich positiv erwähnt wird, hätte dich wohl ziemlich amüsiert, schätze ich.

Und ja, da gibt es die bereits erwähnte Parallele zwischen Salomo und dir. Ihr Beide spiegelt die eine Erfahrung wider, die Menschen immer wieder machen. Vor dreitausend Jahren bis heute. Diese Erfahrung eines hochgestellten Königs als auch des Poeten der Gosse. Es ist die Erfahrung, dass wir Menschen oft den Dingen und Ereignissen ausgeliefert sind. Da brechen plötzlich Sachen über uns herein. Es passiert etwas und wir haben gar keinen Einfluss darauf.

Das klingt fatalistisch. Pessimisten werden nun deutlich nicken. Optimisten zweifelnd ihren Kopf wiegen. Und doch ist es eine Erfahrung, die Menschen immer wieder machen.

Ich finde eure, also Salomos und deine, Worte nicht pessimistisch. Ich höre etwas Anderes heraus. Ich höre die Aufforderung, die Einladung: Lebe deinen Tag!

Was er auch bringen mag, wie er anfängt oder endet. Ob du Einfluss darauf hast oder dich ohnmächtig fühlst. Lebe deinen Tag! Denn genau dieser Tag ist heute dein Tag und einen anderen bekommst du im Moment nicht. Du lebst heute und heute hast du Grund zur Freude und zur Trauer. Heute ist dir Zeit gegeben.

Salomo und du, ihr wollt uns den Blick für das Heute öffnen, für das Wunder des Augenblicks. Gerade weil der Augenblick nicht fassbar und oft so unberechenbar ist, macht ihn so wertvoll. Ihr beiden plädiert für eine trotzige und von der Leine gelassene Freude. Leben kann nicht verschoben werden. Weder nach hinten, in die Erinnerung an ein nettes Gestern. Noch nach vorn in die Erwartung eines angeblich besseren morgens. Okey, Buk, wir leben aus der Vergangenheit, aber nicht in der Vergangenheit. Wir leben in Hoffnung auf Zukunft, aber nicht für die Zukunft. Eure Worte provozieren uns dahin, dass wir uns das Heute nicht nehmen lassen. Bukowski! Danke.

Vor Jahren hast du dich einfach aus dem Staub gemacht. In meinem Bücherschrank stehen Bände deiner Geschichten. Und vor mir steht ein gefülltes Glas. Das trink ich jetzt auf dein Wohl.

Ach, Buk, da Jesus die gleichen Typen gemocht hat wie du, bin ich mir sicher: wir zwei werden irgendwann nochmal sehr viel Zeit geschenkt bekommen, um uns über Literatur und das Leben zu unterhalten. Mit 'nem gutem Schluck dazu, versteht sich.

Und bis dahin, alter Knochen, mach's gut!

Rebellische Geister in der DDR

Für Matthias Domaschk

[Gedenkgottesdienst für Matthias Domaschk]

Es war weibliche Fürsorge, die zu dem ersten Osterzeugnis führte. Es war der Sanftmut von Frauen, der die Füße von Maria Magdalena, Maria und Salome zum Grab führte. Ihre Liebe blieb durch den Tod hindurch lebendig. Und was blieb für sie noch übrig, nachdem Falschheit und Gehässigkeit, Gewalt und Hass so blutig triumphierten? Die Trauer und die Würde. Ihre Liebe kleidete sich in das Gewand der Trauer und erhob ihr Antlitz mit neuer Würde. Diese Beiden, Trauer und Würde, gaben ihnen Kraft. Ja, sie spürten inmitten eines Zustandes totaler Ohnmacht wieder Kraft in sich wachsen.

Die Frauen brauchten diesen sanften Mut, um zu Jesus und zu ihrer Liebe zu stehen. Trauer und Würde sind in Zeiten der Unmenschlichkeit Formen des Widerstandes. Es kann die Freiheit kosten, weinend Menschen am Grab zu verabschieden.

Als Jan Palach, ein junger tschechoslowakischer Student, sich Januar 1969 aus Protest gegen die Niederschlagung des Prager Frühlings selbst verbrannte, beerdigt wurde, kamen 10.000 Menschen, um ihn die letzte Ehre zu erweisen. Den Mächtigen dieser Tage war das zu viel. Deshalb ließen sie bei Nacht und Nebel Jan Palach aus dem Grab entfernen, verbrennen und seine Asche an unbekannten Ort beisetzen. Nicht einmal seine Familie wurde darüber informiert. Trauer und Würde waren ausgerechnet denen ein Dorn im Auge, die das Land mit

Friedhofsruhe überzogen hatten. Trauer und Würde sind in Zeiten der Unmenschlichkeit Formen des Widerstandes.

Hunderttausende Anhänger hatten 2009 an der Beisetzung des verstorbenen Großajatollahs Hossein Ali Montaseri teilgenommen. Es kam zu schweren Auseinandersetzungen mit Revolutionswächtern und den Basidsch-Milizen. Großajatollah Montaseri galt nicht nur in religiösen Kreisen als die große Autorität im schiitischen Islam. Sein politisches Engagement und sein offener Widerstand gegen die herrschende Macht hatten ihn zu einer Leitfigur der Opposition gemacht.

Zahlreiche Menschen haben dem ermordeten russischen Oppositionspolitiker Boris Nemzow die letzte Ehre erwiesen. Für internationale Verstimmung sorgten Einreiseverbote für EU-Politiker. Das polnische Außenministerium reichte eine Protestnote ein, weil der Bürgerrechtler und Senatspräsident Bogdan Borusewicz nicht zur Trauerfeier kommen durfte. Auch die lettische EU-Abgeordnete Sandra Kalniete wurde nach eigenen Angaben an der Grenze abgewiesen.

Auch bei Matthias Domaschk wurde die Trauer, diese ach so persönliche Haltung, zu einem Akt des Widerstandes. Obwohl die Stasi es mit allen Mitteln zu verhindern sucht, kommen zur Beerdigung am 16. April 1981 mehr als hundert Freunde auf dem Friedhof zusammen.
Am 9. April 1982, ein Jahr nach Matthias „Matz" Domaschks Tod, stellen Freunde zur Erinnerung eine Sandsteinskulptur auf dem Jenaer Johannisfriedhof auf: einen Schutz suchenden Menschen, darunter Namen und Lebensdaten. Schon vier Tage später entfernt ein

Einsatzkommando die Skulptur. Alles soll möglichst ohne Aufsehen passieren. Noch im April 1982 gelingt es Matthias Domaschks Freunden, eine Annonce in der Thüringer Landeszeitung und im regionalen SED- Blatt Volkswacht zu platzieren. Der einfache Text: „Wir gedenken unseres Freundes Matthias Domaschk, der im 24. Lebensjahr aus dem Leben gerissen wurde." Zusätzlich klebten sie die Annonce als Flugblatt im ganzen Stadtgebiet von Jena. Die Stasi-Funktionäre tobten, denn die Anzeige hätte von der Zeitung niemals angenommen werden dürfen. Von nun an wissen sie: Matthias Domaschks Tod wird nicht vergessen werden.

Auch die Frauen, damals am Ostermorgen, brauchten diesen sanften Mut, um zu Jesus und zu ihrer Liebe zu stehen. Vielleicht wurde das Grab bereits überwacht? Wer weiß, was sie dort erwartete?

Auch die Frauen brauchten diesen sanften Mut, um zu Jesus und zu ihrer Liebe zu stehen. Und sie wurde beschenkt, von Gott überreichlich beschenkt. Gott hatte sanften Mut, um zu diesen Frauen und zu seiner Liebe zu stehen. Gottes wertvolles Geschenk war und ist das Leiben!
Gott zeigte sanften Mut, um zu Jesus und zu seiner Liebe zu stehen.

Gott zeigt immer wieder sanften Mut, um zu uns Menschen und zu seiner Liebe zur Welt zu stehen. Und noch immer überrascht uns Gott. Seine Liebe ist so verwirrend, so voller Glück und gleichzeitig beängstigend. Sie ist unglaublich. Und einfach nicht zu begreifen.
Haben wir Mut zum sanften Mut, um uns auf die Auferstehung einzulassen. Lenken wir unseren Blick von Grab und Tod weg und wenden uns ans Leben.

Die Band „RENFT"

„Manchmal fällt auf uns der Frost Und macht uns hart

Und dann kommt es darauf an Dass das Blut, das in uns fließt Seine Wärme halten kann

Wenn sich´s eiskalt um uns schließt Manchmal fällt auf uns der Frost Und macht uns hart" [12]

Frost und Kälte hatten wir in diesem Winter ausgiebig. Richtig körperlich zu spüren war es, was es bedeutet, von einer unwirtlichen Witterung umgeben zu sein. Viele Menschen haben sich in die eigenen vier Wände zurückgezogen, andere haben sich Erkältungen oder gar Lungenentzündungen eingefangen. Da schaut man dann schon sehnsüchtig auf den Kalender und wartet ungeduldig auf neue Wärme.

„Und ist die Zeit vorbei

Von Schmerz und Gram

Mensch, mach dich wieder frei

Und leg die Sommerkleider an

Wehr nicht die Liebe ab

Die dich berührt

Schließ auf die Tür aus Stahl

Die Tür, die in den Frühling führt."

---

[12] https://www.renft.de/ermutigung/

Das Lied, das ich zitiere, stammt von der einstigen DDR-Band „Klaus –
Renft". Ein Frühlingslied, das von der Erwartung des kommenden
Sommers erzählt. Aber der Frost, der uns hart machen kann, der hat
eben nicht nur etwas mit Jahreszeit und Wetter zu tun. Frostig sind oft
die Beziehungen der Menschen untereinander, hart eingefroren können
Herzen und Seelen sein, in Kälte erstarrt die Atmosphäre eines ganzen
Landes.

Damals, in der DDR, haben sich viele Menschen in ihre eigenen vier
Wände zurückgezogen, andere haben sich Ärger mit dem Staat oder
gar Repressionen eingefangen. Deshalb singt dieses Lied davon, dass
wir in uns selbst menschliche Wärme bewahren sollen und die
Hoffnung auf Frühling, auf Neubeginn und Freiheit nicht verlieren
sollen.

*„Und siehe, zwei von ihnen gingen an demselben Tage in ein Dorf, das
war von Jerusalem etwa zwei Wegstunden entfernt; dessen Name ist
Emmaus. Und sie redeten miteinander von allen diesen Geschichten."*
(Lukas 24, 13f)

Auch diese beiden Menschen lassen sich vom Frost der Ereignisse
nicht einsperren. Sie gehen raus ins Freie, schnappen nach Luft und
nehmen sich die Freiheit, über das Geschehen miteinander zu reden.
Schweigen kann heilen, aber Schweigen kann auch tödlich sein.
Denen, die Jesus töten ließen, wäre es am liebsten, wenn alle wieder
zur Tagesordnung übergehen würden, so als wäre nichts geschehen.
Doch die zwei Jünger lassen sich nicht von einer Atmosphäre aus
Angst und Bedrohung einfrieren. Ihr Blut schenkt Wärme. Es ist eine
Wärme, die aus der Liebe kommt.

Auch wir kennen diese menschliche Kälte. Auch wir wissen vom Frost, der uns umgibt. Misstrauen, Neid, Gehässigkeit – wem ist dies noch nie begegnet? Mancher hat ständig Ärger auf Arbeit, bereits Kinder werden in der Schule gemobbt. Gewalt gibt es innerhalb von Familien, Missbrauch sogar hinter Kirchenmauern. Viele Seelen sind verletzt worden. Viele Menschen schließen sich in sich selbst ein, um die Schmerzen nicht mehr spüren zu müssen. Angst und Bedrohung haben andere Formen angenommen, sie sind aber bis heute nicht verschwunden.

Auch wir kennen diese menschliche Kälte.

„Manchmal fällt auf uns der Frost

Und macht uns hart

Und dann kommt es darauf an

Dass das Blut, das in uns fließt

Seine Wärme halten kann

Wenn sich´s eiskalt um uns schließt

Manchmal fällt auf uns der Frost

Und macht uns hart.“

„Da wurden ihre Augen geöffnet, und sie erkannten ihn Und sie sprachen untereinander: Brannte nicht unser Herz in uns, als er mit uns redete auf dem Wege und uns die Schrift öffnete?“ (Lukas 24, 32)

Die beiden Jünger sind auf ihrem Weg nach Emmaus mit Jesus unterwegs, ohne es zu wissen. Noch sind sie verschlossen, verschlossen in sich selbst – wie ein Grab. Die eiserne Tür zu ihrer

Seele besteht aus Enttäuschung und Resignation. Sie wollen nur noch überleben, doch was ihnen begegnet, das ist die göttliche Kraft zum Leben. Seine liebevolle Wärme vermag durch den Frost ihres Herzens durchzudringen. „Brannte nicht unser Herz, als er mit uns redete?" so beschreiben sie es. Ganz heiß wird es ihnen, und ihre Herzen tauen endlich wieder auf. Jesus öffnet die Tür zu ihrer Seele und Gottes Leben fließt ganz neu in die beiden Jünger hinein.

Auch wir kennen menschliche Kälte. Auch wir schützen uns vor diesen Frost und halten die Tür zu unserer Seele gut verschlossen. Wir zeigen selten unsere Narben, wohnen in uns selbst wie in einem Gefängnis, wie in einem Grab. Niemand soll uns verletzen können, doch wer kann uns dann heilen?

Angst und Bedrohung führen dazu, dass wir uns mit Trauer und Schmerz, Enttäuschung und Resignation von innen verbarrikadieren.
Doch Gott klopft an unsere Seelentür, geduldig, wärmend und mit Liebe. Er hat eine wichtige Botschaft: Jesus lebt! Und auch wir sollen leben. Gott klopft beharrlich an unsere Seelentür, von außen und von innen. Und wir dürfen diese Tür endlich öffnen, um Gottes Wärme in uns hineinlassen zu können. Gottes Wärme lockt uns aus dem Schutz unseres eigenen Gefängnisses heraus – heraus ins Freie, ins Licht. Gottes liebevolle Wärme vermag durch den Frost unseres Herzens durchzudringen und kann unsere Seele heilen. Ostern, das ist die Botschaft von Gottes Lebenskraft, und Gottes Leben fließt ganz neu in uns hinein.

„Und ist die Zeit vorbei

Von Schmerz und Gram

Mensch, mach dich wieder frei

Und leg die Sommerkleider an

Wehr nicht die Liebe ab

Die dich berührt

Schließ auf die Tür aus Stahl

Die Tür, die in den Frühling führt."

Eine Blues Messe für die Hippies in der DDR

[Predigt aus der Reihe „Aufbruch 1968]

„Während sie zum Volk redeten, traten die Priester, der Tempelhauptmann und die Sadduzäer zu ihnen. Sie waren aufgebracht, weil die Apostel das Volk lehrten und in Jesus die Auferstehung von den Toten verkündeten. Sie nahmen sie fest und hielten sie bis zum nächsten Morgen in Haft. Es war nämlich schon Abend. Viele aber, die das Wort gehört hatten, wurden gläubig.“
(Apostelgeschichte 4)

Hippies im Osten? Subkultur in der DDR

Die DDR-Obrigkeit hat versucht, Jugendliche nach den eigenen Vorstellungen zu formen. Wo durch Überzeugung, Bildungslaufbahn oder Druck konformes Verhalten nicht durchgesetzt werden konnte, ergriffen die Staatsorgane Maßnahmen der Repression und Disziplinierung. Dennoch haben sich Jugendliche auch in der DDR ihre Freiräume gesucht und ihre eigene Welt gestaltet. In privaten und kirchlichen Nischen experimentierten sie mit Liebe, Musik, Kleidung und fanden Mut für eigene Ansichten.

Mit der Musik schwappten auch das Lebensgefühl und die Ideen der Flower Power Bewegung in den muffigen Osten. Es entwickelte sich in Anlehnung an die Hippies auch in der DDR eine eigene, oppositionelle Jugendszene: die Tramper. Am Wochenende standen sie am Straßenrand, um zu Volksfesten, Konzerten oder privaten Partys zu trampen. Äußerlich erkennbar an langen Haare, Stirnband, ausgewaschenen und geflickten Jeans, Parka, offenen langen Hemden, Batiktücher und – kleider, Fleischerhemden, Hirschbeutel, Römerlatschen oder Kletterschuhen wurden sie bald Opfer staatlicher Repression.

Mit einem kreativen und unangepassten Haufen musikalischer Individualisten schuf Klaus Jentzsch in Leipzig das Phänomen Renft-Band. Mit ihren Texten als auch im Auftreten blieb sie unangepasst. Die Kritische Texte „zwischen den Zeilen" wurden zunehmen offener und deutlicher. Renft war die Kultband der Tramperszene und eine Legende, die Rock ‚n Roll made in DDR wirklich mit Haut und Haaren gelebt hat. Dies führte 1975 schließlich zum Verbot der Klaus-Renft-Combo.

„"Operative Vorgänge" und "Operative Personenkontrollen" mit Decknamen wie "Blues", "Penner", "Tramper", "Anhalter" oder "Diestel" richteten das Visier auf besonders suspekte "Langhaarige" und Musiker. Sie wurden nicht selten über Jahre hinweg observiert, in ihrem Wirkungsfeld eingeschränkt und durch subtilen Terror langsam gelähmt - oder wie es die Stasi nannte: "zersetzt"." [13] Der „Operative Vorgang Tramper", wurde im Mai 1978 von der Bezirksverwaltung Gera eingeleitet.

„Die Stasi und ihre Inoffiziellen Mitarbeiter leisteten ganze Arbeit: Fünf Leute gingen ins Gefängnis, einer in den Westen, ein anderer wurde zum Wehrdienst einberufen und damit ‚unschädlich gemacht'" [14]

---

[13] Michael Rauhut „Blues in der DDR"

[14] Michael Rauhut „Blues in der DDR"

Es waren diese schmerzhaften, eigenen Erfahrungen von Intoleranz, Repression und Einschränkung, die zu einer bewussten Haltung von Opposition beigetragen haben.

Jesus sprach:
„Ein Mann veranstaltete ein großes Festmahl und lud viele dazu ein.

Als das Fest beginnen sollte, schickte er seinen Diener und ließ den Gästen, die er eingeladen hatte, sagen: Kommt, es steht alles bereit! Aber einer nach dem andern ließ sich entschuldigen. Der Diener kehrte zurück und berichtete alles seinem Herrn. Da wurde der Herr zornig und sagte zu seinem Diener: Geh schnell auf die Straßen und Gassen der Stadt und hol die Armen und die Krüppel, die Blinden und die Lahmen herbei. Bald darauf meldete der Diener: Herr, dein Auftrag ist ausgeführt; aber es ist immer noch Platz. Da sagte der Herr zu dem Diener: Dann geh auf die Landstraßen und vor die Stadt hinaus und nötige die Leute zu kommen, damit mein Haus voll wird. Das aber sage ich euch: Keiner von denen, die eingeladen waren, wird an meinem Mahl teilnehmen." (Lukas 14)

Offene Arbeit der Evangelischen Kirchen in der DDR Blues in der DDR

Was waren die Bluesmessen?

Eine Musikform, die das eigene Unbehagen treffsicher ausdrückte, wurde von DDR-Jugendlichen bald entdeckt: der gute, alte Blues. Es waren Bluesveranstaltungen, die im besonderen Maße die Szene anzogen. In den Texten über Frust, Alkohol und Missmut fand man die eigene Situation wieder. Bald wurden auch eigene Texte geschrieben, die den Alltag auf schonungslos-ehrliche Weise beschrieben. Die Konsequenzen mussten die Musiker ertragen.

Die Kirche hat das beliebte Genre aufgegriffen. In Berlin strömten die subversiven Massen in die Kirchen und kamen zu den Bluesmessen. Diese „fanden zwischen 1979 und 1986 insgesamt 20-mal in der Samariter-, Erlöser- und Auferstehungskirche statt und zogen bis zu 7000 Besucher an. Die "Bluesmessen" koppelten politische Tabuthemen wie Wehrpflicht, Ökologie und Lebenssinn mit emotional treffsicheren Musikeinlagen und sollten auf diese Weise die Anziehungskraft der Kirche auch für eine konfessionslose Zielgruppe erhöhen. Das Konzept ging auf: Wo sonst in der DDR durfte sich gesellschaftliches Unbehagen so frei und öffentlich artikulieren, konnte man als große Gemeinde einmal kollektiv durchatmen?" [15]

Die Kirchliche Jugendarbeit wurde von den staatlichen Stellen von Anfang an mit Misstrauen überwacht. Dies steigerte sich erheblich, als Ende der Siebziger Jahre im Bereich der Evangelischen Kirchen die Offene Arbeit entstand. Ausgegrenzte Jugendliche wie

---

[15] Michael Rauhut „Blues in der DDR"

Wehrdienstverweigerer, Tramper und später auch Punks fanden innerhalb der Kirche einen Platz und nutzten den Freiraum, um gesellschaftliche Alternativen zu diskutieren. In Thüringen war es vor allem Pfarrer Walter Schilling, der die Entwicklung der Offenen Arbeit zu einem prägenden Faktor der Opposition begleitete. Von der Offenen Arbeit gingen wesentliche Impulse für die wachsende Friedens-, Umwelt- und Demokratiebewegung aus. So gelang es der Evangelischen Kirche in der DDR, die kritische Jugend einzubinden. Einerseits war Kirche für die DDR-Subkultur ein Schutzraum, andererseits kamen auf diese Weise zahlreiche junge Menschen mit Glauben und Evangelium in Berührung. Auch Kirche empfing dadurch ungeahnte Inspiration und Bereicherung.

„Und er rief zu sich das Volk samt seinen Jüngern und sprach zu ihnen: Wer mir nachfolgen will..." Lukas 9,23

Aufbruchsstimmung möchte Jesus verbreitet:
- ✓ nicht gleichgültig am Rande stehen bleiben und zuschauen
- ✓ nicht zu Hause sich ins Private verkriechen und vom Leben abschotte
- ✓ nicht träge oder ängstlich in sicheren Räumen verharren
- ✓ nicht sich an das Vorgegebene klammern oder in die Vergangenheit ausweichen

„Wer mir nachfolgen will"
- ✓ sollte sich aufraffen auf die Beine machen einbringen teilnehmen
- ✓ sollte offene Türen und Tore durchschreiten über Brücken steigen
- ✓ sollte unbekannte Wege betreten

✓ sollte auf Garantien und Sicherheiten verzichten

✓ sollte loslassen können und schauen, wohin die Füße der Nachfolge führen

„Wer mir nachfolgen will", der begibt sich auf Wanderschaft.

„Gehen auf der Stelle hab' ich nie gekonnt

mir die Haut verbrannt – hab mich lang gesonnt Zeit für mich, weine nicht, ich behalt dein Gesicht singen auch Sirenen hinterm Horizont" [16]

Dieses Lied der DDR-Gruppe RENFT, es heißt „Wandersmann", passt gut zu Jesu Aufforderung der Nachfolge.

„Schwere Bahnhofsdächer über uns gestellt Gleise, wie ein Fächer, in die weite Welt

Zeit für mich, weine nicht, ich behalt dein Gesicht, wie man auch sein rotes Blut gefangen hält"

Nachfolge bedeutet, sich immer wieder den Mut schenken lassen, Altes zu verlassen und Neues zu wagen. Glauben nimmt uns mit auf einen Weg, der uns immer wieder weiterführt. Es ist ein Weg, der uns durch die Zeiten hindurch geleitet, der sogar die Grenze des Horizontes hinter sich lassen kann. Das klingt doch gut, oder!? Doch so eine Wanderung in Jesu Fußstapfen ist kein geselliger Spaziergang. Wenn es konkret wird, dann sieht die Sache gar nicht mehr so einfach und eindeutig aus. Wir hängen zu gern an Dingen und Verhältnissen, die uns bekannt und vertraut sind. Veränderungen beunruhigen uns. Loslassen ist eine

---

[16] https://www.renft.de/wandersmann/

Kunst, die wir erst im Laufe unserer Lebens- und Glaubenswanderung lernen müssen.

„Abschied heißt doch auch weitergeh' Tränen hat die Trauer, aber auch das Glück Komm gut an, nicht zurück
Wandersmann, komm gut an, geh... "

Jesus gibt keine Garantien und Sicherheiten. Loslassen, Aufbrechen, Wanderschaft hat seinen Preis. Jesus spricht auch vom Scheitern. Er verweist auf das, was nun kommt: sein Leidensweg. Seine Wanderung führt ihn nun nach Jerusalem und dort ans Kreuz. Und doch hat auch dieser Weg unendlich viel mehr Leben, Kraft und Hoffnung in sich als ein Festhalten, Verharren, Verkriechen. Selbst der Tod bedeutet bei Jesus Wanderschaft und neuer Aufbruch. Jesus lässt radikal los. Er lässt sich voll und ganz, ohne Seil und doppelten Boden, in Gott hineinfallen. Auch im Tod macht Jesus sich auf den Weg und kann die Grenze des Horizontes hinter sich lassen.

„Alles ist im Fließen, alles ist im Gehen Sterne rasen, auch wenn wir sie stehen sehn
Zeit für mich, weine nicht, ich behalt dein Gesicht und in der Erinnerung bleibt es lieb und schön"

Das alte Lied der Renft-Combo fand passende Worte, um damals in der DDR diese Sehnsucht nach Aufbruch und Veränderung auszudrücken. Raus aus der Enge von Bevormundung und Ideologie. Dieses spießige Land hinter sich lassen, um nach neuen Horizonten zu suchen. Und wer sich damals auf den eigenen Weg gemacht hat, der hat damit

Konflikte ausgelöst. Dem wurden Steine in den Weg gelegt. Der musste mit Schwierigkeiten rechnen.

Tatsache ist, dass sich um uns herum ständig immer alles verändert. Das heißt, dass auch wir nicht so bleiben können, wie wir sind. Hören wir durch alle Zwänge, Ängste und Sorgen hindurch Jesu Ruf „Wer mir folgen will"?

Wanderschaft und Aufbruch kennzeichnet nicht nur das Leben des Einzelnen, sondern auch die Existenz der Gemeinschaften. Viele Menschen lassen sich heute wieder von Zwängen, Ängsten, Sorgen leiten. Fast 30 Jahre nach Ende der DDR-Diktatur ist innerhalb unserer Gesellschaft die Sehnsucht nach Eindeutigkeit, totaler Sicherheit, starker Führung und Kontrolle wieder erwacht. Eine neue autoritäre Mentalität macht sich breit. Die offene Gesellschaft soll eingezäunt werden. Der Preis für die Freiheit, wird er tatsächlich so schnell vergessen? Doch das furchtsame sich Verkriechen in alte, überholte Strukturen und Denkmuster wird nur Lähmung bringen. Lebendigkeit liegt allein im Mut, erneut und immer wieder den Aufbruch zu wagen. Gott stellt unsere Füße auf weiten Raum! (Psalm 31,9)

„Und er rief zu sich das Volk samt seinen Jüngern und sprach zu ihnen: Wer mir nachfolgen will..."

Darin sind dann auch die Kirchen mit einbezogen. Die Bibel spricht von Anbeginn an von dem „wandernden Gottesvolk". Wir dürfen unseren Blick auf die aktuellen Probleme ändern. Wir dürfen uns von Jesus neue Chancen und Wege zeigen lassen. Wir dürfen uns Mut - Ermutigung - schenken lassen, um Jesu folgen zu können.

*„Und er rief zu sich das Volk samt seinen Jüngern und sprach zu ihnen:
Wer mir nachfolgen will..."*

Jesu Worte und das alte Lied der Renft-Combo passen auch zur
heutigen Zeit. In unserer Welt, in unserer Gesellschaft ist alles am
Fließen, alles am Gehen. Empfinden wir Veränderungen nicht länger
nur als Bedrohung, sondern oder auch als Möglichkeit, neue Wege für
Leben und Glauben zu entdecken!

*„Abschied heißt doch auch weitergehen Tränen hat die Trauer, aber
auch das Glück Komm gut an, nicht zurück
Wandersmann, komm gut an, geh.."*

Rebellische Geister im Aufbruch

1968 – das magische Jahr der Liebe Aufbruch, Rebellion und große Träume *[Predigt aus der Reihe „Aufbruch 1968]*

„Denn die einzig wirklichen Menschen sind für mich die Verrückten, die verrückt danach sind zu leben, verrückt danach zu sprechen, verrückt danach, erlöst zu werden, und nach allem gleichzeitig gieren - jene, die niemals gähnen oder etwas Alltägliches sagen, sondern brennen, brennen, brennen wie phantastische gelbe Wunderkerzen."
(Jack Kerouac, „On The Road")

Gott ist Liebe; und wer in der Liebe bleibt, der bleibt in Gott und Gott in ihm. (1.Joh 4)

1968 protestierten weltweit Menschen gegen Krieg, Rassismus und staatliche Bevormundung. Die Kleidung wurde bunter, die Haare länger. Sehnsucht nach Lebendigkeit und Freiheit durchzog Häuser, Straßen und Plätze. Spiritualität gewann ganz neu an Bedeutung. Minderheiten fanden ihr Selbstbewusstsein. Neue Lebensentwürfe wurden gewagt.

Eine kreative, phantasievolle Bewegung brachte frischen Wind in das Zusammenleben. Kritisch wurde nach den Schatten der Vergangenheit und den Werten der Gegenwart gefragt. Dem Konsum und der materiellen Sattheit, der Gewalt und dem Krieg setzten die Blumenkinder ihre Lebensfreude und Spiritualität entgegen. Globales Bindeglied zwischen der Jugend in San Francisco und Paris, Tokio und

Prag, Amsterdam und Berlin war die Musik. Auch wenn manchem Traum bald die Ernüchterung folgte, dieser Sommer der Liebe veränderte die Welt.

Die Inspiration der Musik

Phantasie an die Macht! Nach diesem Motto entwickelten sich im Jahr der Liebe zahllose neue künstlerische Ausdrucksformen: Straßenaktionskunst, Performance, psychedelische Plakate und Plattencover. Vor allem aber war es die Musik, die das neue Lebensgefühl für alle hörbar zum Klingen brachte.

Die Revolution war ein Fest, sie wurde herbei gesungen, getrommelt, getanzt. Die zentrale Botschaft „All you need is Love" – „Alles, was du brauchst ist Liebe" – verbreitete sich durch die Beatles via Radio und Schallplatte rund um den Globus und gelangte bis in die fernsten Ecken und Kammern des Planeten. Stones, Bob Dylan, Jimi Hendrix, Doors, Jonis Joplin, Joan Baez, Simon and Karfunkel – diese Namen sind bis heute musikalisches Synonym für diese Zeit.

Mit der Musik schwappten die Ideen der Flower Power Generation selbst über den Eisernen Vorhang. Wild, romantisch, vielfältig klang dieses Jahr der Liebe, und sein Rhythmus, seine Melodien klingen bis heute in vielen Herzen nach.

„Da kam Gottes Wort zu ihm: Geh weg von hier und verbirg dich am Bach Krit, der zum Jordan fließt. Und du sollst aus dem Bach trinken und ich habe den Raben geboten, dass sie dich dort versorgen sollen. Und als Boten zum König kamen, sprachen sie zu ihm: Es kam ein Mann herauf uns entgegen. Er hatte einen Mantel aus Fell und einen

Ledergurt um seine Lenden. Er aber sprach: Das ist Elia, der Tischbiter.“ (1. Buch der Könige 17, 2ff.)

„Zu der Zeit kam Johannes der Täufer und predigte in der Wüste von Judäa und sprach: ändert euer Leben, denn das Himmelreich ist nahe herbeigekommen! Er aber, Johannes, hatte ein Gewand aus Kamelhaaren an und einen ledernen Gürtel um seine Lenden; seine Speise aber waren Heuschrecken und wilder Honig. Und Johannes sprach: Wer zwei Hemden hat, der gebe dem, der keines hat; und wer Speise hat, tue ebenso.“ Evangelium Matthäus 3,1 ff.)

Die Inspiration der Aussteiger

Elia und Johannes der Täufer waren auffällige Gestalten. Langes Haar, wilde Kleidung, absonderlicher Lebensstil. Biblische Aussteiger, die auf diese Weise gegen eine satte, selbstzufriedene, kalte Gesellschaft revoltierten.

Sie sind zu allen Zeiten unendlich wichtig, diese Menschen, die sich der Anpassung und den autoritären Strukturen verweigern. Die nicht nach Wohlstand, Erfolg und Macht streben, sondern nach Wahrheit, nach Liebe, nach dem puren Leben suchen.

Die ersten Christen waren solche Leute. Franz von Assisi gehörte dazu. Oder auch die selbstbewussten, freiheitsliebenden Frauen, die sich jenseits männlicher Aufsicht in den Beginengemeinschaften organisierten. Zu Beginn des 19. Jahrhunderts probten die Lebensreformer in Ascona auf dem „Monte veritá“, dem Berg der Wahrheit alternative Lebensweisen. Und die unangepassten Künstler der beat generation rebellierten gegen die Enge und Intoleranz ihrer

Tage. Sie alle waren auf eigene Weise Vorläufer der Hippiebewegung, die 1968 ihren Höhepunkt feierte.

Sie sind zu allen Zeiten unendlich wichtig, diese Menschen, die sich der Anpassung und den gewaltvollen Strukturen verweigern. Gerade auch heute, wo Gewalt und autoritäre Mentalität neu das Zusammenleben vergiften.

„Und Jesus ging in den Tempel hinein und trieb hinaus alle Verkäufer und Käufer im Tempel und stieß die Tische der Geldwechsler um und die Stände der Taubenhändler." (Matthäus 21,12)

„Selig sind, die Frieden stiften; denn sie werden Gottes Kinder heißen."
(Matthäus 5,9)

Die Inspiration des Protestes

Demonstrationen, Sit ins, Streiks, Hausbesetzungen, Busboykott und Kasernenblockaden – die Protestformen waren kreativ und vielseitig.

Und Protest war bitter notwendig. Protest gegen Gewalt und Ausgrenzung. Gegen Lügen und die Arroganz der Mächtigen. Gegen den Vietnamkrieg und die Niederschlagung des Prager Frühlings. Gegen Rassismus und Polizeiwillkür. Gegen Bevormundung und Herrschaftsstrukturen.

Protest aber auch für die eigenen Träume und Hoffnungen. Für Selbstbestimmung und Gleichberechtigung. Für Vielfalt und ein gewaltfreies Miteinander. Für eine radikaldemokratische und herrschaftsfreie Gesellschaft.

Die Sehnsucht wurde politisch. Man mischte sich heftig in die eigenen Angelegenheiten ein. Der Sommer der Liebe war nichts Geringeres als der erneute Versuch, die Händler aus dem Tempel zu vertreiben.

„Diese allerersten Christen hingen jeden Tag zusammen und lebten in einer großen WG. Sie aßen zusammen, so wie sie es mit Jesus, kurz bevor er starb, auch getan hatten und beteten auch viel miteinander. Alle hatten großen Respekt vor Gott. Die Jesus-Leute hielten ganz fest zusammen, jeder teilte alles, was er hatte, mit den anderen. Oft trafen sie sich, um zusammen zu essen, was immer superfröhlich und mit einer guten Einstellung abging. (Apostelgeschichte 2) [17]

Die Inspiration neuer Lebensformen

„Man hat gesagt, die Freiheit entsteht dadurch, dass man sie sich nimmt." [18] Brecht hat das gesagt. Im Jahr der Liebe wurde dieser Satz mit Leben erfüllt. Protest war zu wenig. Im Hier und jetzt schon das tun, was man für richtig erkannt hatte, ohne auf Erlaubnis zu warten.

Den eigenen Traum nicht für sich behalten, sondern mit anderen teilen. Für den eigenen Traum nicht nur kämpfen, sondern einfach anfangen, ihn zu leben.

Frauen lösten sich aus männlicher Bevormundung und gingen eigene Wege. Homosexuell Liebende versteckten sich nicht länger, sondern präsentierten sich öffentlich mit einer bunten, fröhlichen Gegenkultur. Neue Formen des Zusammenlebens entstanden, in denen ethnische

---

[17] Übertragung nach Volxbibel

[18] https://braunschweig-spiegel.de/bertolt-brecht-brief-an-den-kongress-fuer-kulturelle-freiheit/

Herkunft oder sozialer Status keine ausgrenzende Rolle mehr spielten. Gewiss, nicht alles ist dabei gelungen. Aber vieles hat dazu beigetragen, das überholte, enge Korsette aus Zwang, Vorurteil, Abwertung und Diskriminierung endlich zu sprengen.

In den neuen Lebensformen hatten Werte wie Konkurrenz, Karriere oder materieller Besitz keine Bedeutung. Love & Peace – Liebe & Frieden – sollten das Fundament des Zusammenlebens sein. So erwachte hier auch ein neues, ökologisches Bewusstsein. Der auf Wachstum und Wohlstand ausgerichtete Lebensstil wurde als das erkannt, was er war und bis heute ist – als zerstörerisch und lebensfeindlich.

Der materialistischen Weltsicht und den als autoritär eingeschätzten Religionen wurde eine freie, lebendige Spiritualität entgegengesetzt.

Kirche und Hippies fanden im Westen kaum eine gemeinsame Sprache. Im Osten dagegen fand die entstandene Subkultur oft einen Aktions- und Schutzraum hinter kirchlichen Mauern.

Gütergemeinschaft, Kritik an Besitz und an den herrschenden Verhältnissen, ein respektvolles Miteinander, eine freie direkte Spiritualität, die Sehnsucht nach Frieden und vor allem die radikale Hochschätzung der Liebe – trotz und mit ihrer Kritik an Kirche hatte dieses Jahr der Liebe durchaus einen Bezug zu Jesus und der Urchristenheit.

Liebe statt Opfer!

Ein Gottesdienst zum Christopher Street Day (1)

Der **Christopher Street Day** (**CSD**) ist ein Fest-, Gedenk- und Demonstrationstag der LGBTI – Bewegung. Die Abkürzung LGBTI kommt aus dem englischsprachigen Raum und bedeutet Lesbian Gay Bisexuel Transgender Intersexual. Damit sollen alle geschlechtlichen Minderheiten angesprochen werden. Als ein weiter Begriff dafür wird auch das englische Wort queer verwendet.

Am Christopher Street Day wird für Vielfalt und für die Rechte dieser Gruppen sowie gegen Diskriminierung und Ausgrenzung demonstriert.

In englischsprachigen Ländern werden diese Demonstrationen als *Pride* Parades bezeichnet. Pride bedeutet: Stolz. Selbstbewusst und offen wird die eigene Identität gezeigt.

„Und Gott sprach: Das ist das Zeichen des Bundes, den ich stifte zwischen mir und euch und allen lebendigen Wesen für alle kommenden Generationen: Meinen Bogen setze ich in die Wolken; er soll das Bundeszeichen sein zwischen mir und der Erde." (1. Mose 9, 12-13)

Wie alles begann…

Der Ursprung der Parade liegt in New York. In den 1960er Jahren führte dort die Polizei regelmäßig Razzien in Schwulenbars durch. Die Behörden gingen dabei auch gegen transsexuelle Menschen vor. Das Hauptaugenmerk lag auf den homosexuellen Latinos und Afroamerikanern.

Am 28. Juni 1969 begannen sich Transsexuelle Menschen gegen Polizeiwillkür und gesellschaftliche Gewalt zu wehren. Ziel einer Polizeiaktion war an diesem Abend das "Stonewall Inn", eine Schwulenbar in der Christopher Street. Die Gäste leisteten heftigen Widerstand. In den folgenden Tagen wuchs die Solidarität unter den Schwulen und Lesben. Es entstand eine neue Bewegung der Emanzipation, die erstmals in der Öffentlichkeit für die Toleranz gegenüber sexuellen Minderheiten kämpfte. Seit der Straßenschlacht mit der Polizei wird in New York jährlich ein Straßenumzug in Gedenken an den Stonewall-Aufstand veranstaltet.

Der Stonewall-Aufstand von 1969 schlug international so hohe Wellen, dass er auch Deutschland nicht unberührt ließ. Zehn Jahre nach der Stonewall-Razzia wagten sich zum ersten Mal auch deutsche Männer und Frauen auf die Straße, um für die Rechte der Homosexuellen zu demonstrieren. In der vergangenen Woche fand der erste CSD in Gera statt. Herzlichen Glückwunsch dafür allen Beteiligten.

Der ganz reale Hass

Nach persönlicher Anordnung Himmlers wurden homosexuelle Männer ab 1940 statt ins Zuchthaus direkt ins Konzentrationslager eingeliefert.

Dort mussten sie als diskriminierendes Zeichen einen Rosa Winkel tragen. Tausende homosexueller Männer wurden während der NS-Zeit verfolgt und verhaftet. Bis zu 10.000 überlebten die Konzentrationslager nicht. Homosexuelle waren in Konzentrationslagern in besonderer Weise Opfer von Brutalität und Misshandlungen.

„Eine besondere Gefahr der Verführung besteht durch sogenannte Homosexuelle. [..] Abnormes homosexuelles Verhalten und kriminelle

Vergehen sind häufig miteinander verbunden." [19], behauptete der DDR-Wissenschaftler Dr. med. Wolfgang Bretschneider.

„Ich habe einen Weg gefunden, wie wir all die Lesben und Schwulen loswerden können", erklärt Charles L. Worley Pastor einer protestantischen Kirche in Maiden, USA, während des Gottesdienstes.

„Baut einen großen, riesigen Zaun. Steckt alle Lesben da rein und fliegt gelegentlich drüber, um etwas Essen fallen zu lassen. Macht dasselbe mit den Schwulen. Setzt die Zäune unter Strom, so dass sie da nicht raus können. Und wisst ihr was, in ein paar Jahren werden sie alle aussterben" [20]

Insgesamt gibt es weltweit 72 Länder mit antihomosexuellen Gesetzen. In 45 Staaten umfasst das auch die Liebe unter Frauen. In 13 Mitgliedsstaaten der Vereinten Nationen droht Homosexuellen die Todesstrafe. 14 weitere Staaten bestrafen homosexuelle Handlungen mit lebenslänglicher Haft. In über 75 Prozent aller Staaten gibt es keinen Schutz vor Diskriminierung aufgrund der sexuellen Orientierung. (International Lesbian, Gay, Bisexual, Trans and Intersex Association (ILGA) [21]

Zahl der Morde an Transsexuellen und Transgender wieder gestiegen: Insgesamt verloren in den Jahren zwischen 2016und 2017 insgesamt

---

[19] Bretschneider „Sexuell aufklären – rechtzeitig und richtig", S.63f

[20] https://m.focus.de/panorama/welt/pastor-will-schwule-hinter-elektrischen-zaun-verbannen-youtube- hasspredigt-sorgt-fuer-skandal_id_2015881.html

[21] https://www.queer.de/detail.php?article_id=28851

325 Personen mit transsexuellem oder genderdiversem Hintergrund ihr Leben. Seit 2008 wird die Liste geführt und leider jährlich erweitert. Inzwischen enthält sie 2.609 Einträge.[22]

„Denn ich habe Lust an der Liebe und nicht am Opfer, spricht Gott.“

Hosea 6,6

Pride – so wird der Christopher Street Day, der CSD in vielen Ländern genannt. Pride bedeutet: Stolz.

Menschen verstecken sich nicht vor den Anderen, sondern gehen selbstbewusst an die Öffentlichkeit. Sie stehen unübersehbar und unüberhörbar zu ihrem Leben. Sie bekennen sich zu ihrer Art zu Lieben. Sie feiern gemeinsam mit anderen, dass sie so sind, wie sie sind. Sie gehen liebevoll mit sich selbst und miteinander um.

Pride bedeutet: Stolz.

Ein Gottesdienst zum Christopher Street Day? Weil es um Liebe geht! Menschen sind zuerst einmal: Menschen. Und dann erst sind sie eben auch: männlich, weiblich, trans, androgyn, intersexuell oder ganz anders. Menschen lieben zuerst einmal einen anderen Menschen. Und dann lieben sie eben auch homosexuell, bisexuell, heterosexuell, polyamor, platonisch, asexuell. Oder ganz anders.

---

[22] https://www.blu.fm/aktuell/community/tdor2017-transgender-transsexulle-morde-weltweit/

Es geht um Sexualität, aber nicht nur. Es geht auch um Identität. Und vor allem geht es um Liebe. Menschen lassen sich nicht länger abwerten und ausgrenzen. Sie stehen zu ihrer sexuellen Identität. Sie beschenken die Gesellschaft mit ihrer bunten, lebensfrohen Kultur. Sie bereichern Kirche und Religion mit ihrer eigenständigen Spiritualität. Mit dem Christopher Street Day feiern wir die Vielfalt unserer menschlichen Möglichkeiten und Lebensweisen. Wir feiern die Vielfalt der Liebe. Wir feiern gemeinsam, dass wir so sind, wie wir sind. Darauf können wir tatsächlich stolz sein.

Pride bedeutet: Stolz.

Ein Gottesdienst zum Christopher Street Day? Weil es um Opfer geht! Queeren Menschen wurde über Jahrhunderte hinweg das Recht auf Stolz verweigert. Queere Menschen werden bis heute ihrer Würde beraubt.

Queere Menschen waren und sind bis heute von Diskriminierung und Verfolgung, Gewalt und Tod bedroht. Unter Zwang sollten sie sich irgendeiner Norm anpassen oder zu mindestens aus dem öffentlichen Bild verschwinden.

Jesus Christus gab uns das Gebot der Liebe. Die politische Dimension des Liebesgebotes sind die Menschenrechte. Mit dem Christopher Street Day zeigen wir unsere Solidarität. Dieses Fest hat immer auch eine politische Dimension. Und auch mit diesem Gottesdienst zeigen wir unsere Solidarität, denn unser Glauben besitzt auch eine politische Verantwortung.

Es geht um Sexualität, aber nicht nur. Es geht auch um Menschenrechte. Und vor allem geht es um Liebe.

Der zähe, lange Kampf um Respekt und Gleichbehandlung kann auch Erfolge vorzeigen. Die Wahrnehmung und Bewertung queeren Lebens haben sich in vielen Ländern und Regionen geändert. Auch das ist ein Grund zum Feiern.

Pride bedeutet: Stolz.

Ein Gottesdienst zum Christopher Street Day? Weil es um Gott geht! Religiöse Argumente haben sehr oft die Ausgrenzung, Abwertung und Verfolgung von queeren Menschen begründet. Die Kirchen haben im Namen des Glaubens Diskriminierung und Gewalt nicht nur befürwortet, sondern selbst auch vollzogen. Im Namen Gottes wird bis heute homosexuell Liebenden ihre Liebe, trans- und intersexuellen Menschen ihre Identität abgesprochen. Die Kirchen haben hierbei schwere Schuld auf sich geladen.

Es geht um Sexualität, aber nicht nur. Es geht bei manchen auch um ihren Glauben. Und vor allem geht es um Liebe.

Ich glaube nicht an einen Gott, der uns Menschen mit einem starren, normativen Raster sortiert und einordnet. Ich glaube an einen Gott, der jeden einzelnen Menschen wahrnimmt, mit dessen je eigener Geschichte, mit dessen je eigener Situation. Ich glaube an einen Gott, der sich an Vielfalt erfreut; auch an der Vielfalt sexueller Identitäten. Ich glaube an einen Gott, der stolz darauf ist, dass wir den Christopher Street Day feiern.

Pride bedeutet: Stolz.

Ich glaube an Gott, der Lust hat an der Liebe und nicht am Opfer.

Ein Gottesdienst zum Christopher Street Day? Weil es um Liebe geht!

„Wir wollen einander lieben; denn die Liebe ist aus Gott und jeder, der liebt, stammt von Gott und erkennt Gott. Wer nicht liebt, hat Gott nicht erkannt; denn Gott ist die Liebe. Niemand hat Gott je geschaut; wenn wir einander lieben, bleibt Gott in uns und seine Liebe ist in uns vollendet.

Furcht gibt es in der Liebe nicht, sondern die vollkommene Liebe vertreibt die Furcht. Wenn jemand sagt: Ich liebe Gott, aber seinen Bruder oder seine Schwester hasst, ist er ein Lügner. Denn wer seinen Mitmenschen nicht liebt, den er sieht, kann Gott nicht lieben, den er nicht sieht. Und dieses Gebot haben wir von ihm: Wer Gott liebt, soll auch seine Mitmenschen lieben.“ 1. Joh 4

Gebet

Unser Gott

Du bist da. Deine zärtliche Gegenwart umhüllt und durchdringt uns. Wir möchten dir vertrauen

Und zu dem stehen, was wir glauben und was wir sind. Du nimmst uns bedingungslos an.

Gib, dass wir aus deinem Ja zu uns immer wieder Mut und Hoffnung schöpfen können für ein Leben ohne Angst.

Unser Gott,

wir beten um Liebe,

aber dieses Beten fällt uns auch schwer.

Zu oft wurde in Deinem Namen Liebe verächtlich gemacht und abgewertet,

Liebe denunziert und verboten. Und doch beten und danken wir, um uns unsere Liebe zu bewahren, um weiterhin in dieser Welt nach Deiner Gegenwart zu suchen. Segne besonders die Liebenden,

deren Liebe noch immer mit Misstrauen und Feindseligkeit betrachtet wird.

Gib uns Phantasie und Mut zum Widerstand, wo immer die Liebe bedroht wird.

Unser Gott,

wir legen dir alle Menschen dieser Welt ans Herz,

die von Ausgrenzung, Herabwürdigung, Verfolgung oder sogar mit dem Tod bedroht sind. Wir bitten für Menschen, die gezwungen sind, ihr Leben und den Menschen, den sie lieben, zu verleugnen oder zu verstecken.

Unser Gott,

wir bitten für all die Menschen, die sich nicht trauen, ihrer Sehnsucht zu folgen, weil ihr Begehren von Anderen abgelehnt wird. Wir denken an alle, deren Liebe und Beziehungen zerbrochen sind an äußeren Umständen. Wir vertrauen dir all unsere Verletzungen und Enttäuschungen, all unsere Unsicherheiten und Ängste an.

"Lebe deine Liebe! Versteck dich nicht!"

Ein Gottesdienst zum Christopher Street Day (2)

Ungestraft kann Liebe blühen,
frei suchen nach dem Sonnenlicht.
Der Lauf der Liebe verträgt keine Fesseln.
Lass sie fließen, wie ein überquellender Strom.
Lass die Liebe geschehen
wie ein Wunder voller Licht,
wie einen Regenbogen voller Farben,
der vom Himmel selbst geschaffen ist.
Sytze de Vries

Erinnerung „stone wall"

1945. Der Nationalsozialismus wurde besiegt. Die Konzentrationslager öffnen sich. Auch zahlreiche homosexuell liebende Menschen, die mit einem rosa Winkel stigmatisiert wurden, hoffen auf Freiheit. Doch ihr Leiden unter der Diktatur findet keine Anerkennung. Der berüchtigte Paragraf 175 bleibt bestehen. Die homosexuelle Liebe muss sich verstecken; aus Angst vor Denunziation, Erpressung, gesellschaftliche Ächtung und strafrechtlicher Konsequenz. Auch in den sog. Kommunistischen Staaten bleibt Homosexualität weiterhin unsichtbar. Schwule, lesbische, bisexuelle Liebe wird als 2dekadent, abartig und kriminell" diskriminiert und ausgegrenzt. Unzählige homosexuell Liebende verschwinden in Psychiatrien und Lagern.

24 Jahre später. 1969. Die New Yorker Polizei schikaniert gezielt schwule, lesbische und transsexuelle Menschen. Die ständigen

Razzien und Kontrollen haben auch rassistischen Charakter und bringen das Fass zum Überlaufen. Die Betroffenen sind es leid, sich zu verstecken und zu verleugnen. Sie legen ihre Angst ab und fangen an sich zu wehren. So kommt es zu den berühmten Stone Wall Aufständen. Benannt sind die Unruhen nach der Bar „Stone Wall" in der Christopher Street, die ein wichtiger Treffpunkt der queeren Szene war. Die Proteste überraschen in ihrer Intensität Polizei und Öffentlichkeit, finden aber auch breite Unterstützung und Solidarität. Selbstbewusst hebt eine neue soziale Bewegung ihren Kopf und zeigt sich der Welt. „Ja, ich bin schwul. Lesbisch. Transsexuell. Ich stehe zu mir. Ich bin stolz!" Damit wird weltweit eine Dynamik angestoßen, die Schritt für Schritt eine Emanzipation von queeren Menschen auslöst.

Wie einst das Volk Israel, so machen sich Menschen auch in diesen Tagen auf den Weg, die Unfreiheit, die Angst und die Unterdrückung zu verlassen. Auch in den Kirchen erheben nun schwule, lesbische, transsexuelle Menschen ihre Stimme und fordern Respekt und Anerkennung ein. Es gründen sich Gruppen, die sich bewusst gegen religiös und theologisch begründete Ausgrenzung wenden. Der Stone Wall Aufstand in der Christopher Street von New York verändert die Diskussion über sexuelle Vielfalt grundlegend. Bis heute!

„Wenn der Herr die Gefangenen Zions erlösen wird,
so werden wir sein wie die Träumenden.
Dann wird unser Mund voll Lachens
und unsre Zunge voll Rühmens sein.
Da wird man sagen unter den Völkern: Der Herr hat Großes an ihnen
getan!
Der Herr hat Großes an uns getan; des sind wir fröhlich.

Herr, bringe zurück unsre Gefangenen,

wie du die Bäche wiederbringst im Südland.

Die mit Tränen säen,

werden mit Freuden ernten.

Sie gehen hin und weinen

und tragen guten Samen und kommen mit Freuden

und bringen ihre Garben." (Psalm 126)

"Jesus kam in eine Stadt Samariens, die heißt Sychar. Es war dort Jakobs Brunnen. Weil Jesus müde von der Reise war, setzte er sich an den Brunnen. Da kam eine Frau aus Samarien, um Wasser zu schöpfen. Jesus spricht zu ihr: "Gib mir bitte zu trinken." Da entgegnete die samaritische Frau überrascht: "Wie, du, ein Jude, bittest um etwas zu trinken von mir, einer Frau aus Samarien?" Denn die Juden hatten keine Gemeinschaft mit den Samaritern." (Johannes 4)

Voller Anmut und Tiefe geschieht diese Begegnung zwischen der Samariterin und Jesus. Wir spüren: hier wird ein Tabu gebrochen. Juden und Samariter hatten keine Gemeinschaft, vermieden jede Kommunikation. Sie beäugten sich misstrauisch und feindselig. Doch Jesus akzeptiert keine Vorurteile. Er lehnt rassistische und religiöse Abwertungen ab. Er durchbricht die moralischen Mauern, die Menschen zwischen sich errichten. Jesus lässt aber auch die männliche Arroganz gegenüber Frauen, die patriarchalische Sicht auf Frauen bewusst hinter sich. Jesus und die Samariterin begegnen sich auf Augenhöhe. Jesus lässt sich das Wasser reichen.

Diese Frau erfährt in dieser Begegnung viel Wertschätzung, viel Anerkennung, viel Zärtlichkeit. Sie spürt es umso tiefer, je prägender ihre bisherigen Erfahrungen von Ausgrenzung und Abwertung waren.

„Jesus spricht zu der Frau: „Geh hin, rufe deinen Mann und komme wieder her!" Die Frau antwortete und sprach zu ihm: „Ich habe keinen Mann." Jesus spricht zu ihr: „Du hast richtig gesagt ‚Ich habe keinen Mann', denn fünf Männer hast du gehabt und der, den du jetzt hast, ist nicht dein Mann." (Johannes 4)

Doch dann kommt die sonderbare Geschichte mit den Männern der Frau. Was soll dieses eigenwillige Frage-Antwort-Spiel zwischen Jesus und der Samariterin? Will Jesus sie letztlich doch nur vorführen? Will er sie moralisch auflaufen lassen? Was bewirkt Jesu Reaktion bei der Frau?

Hören wir es uns an.

„Da ließ die Frau ihren Krug stehen und ging hin in die Stadt und spricht zu den Leuten: „Kommt, seht den Menschen, der mir alles gesagt hat, was ich getan habe, ob er nicht der Christus sei!" (Johannes 4)

Die Frau kommt in Bewegung!

Das Leben scheint geradezu in sie hineinzufließen. Sie lässt ihre Angst fallen. Sie versteckt sich nicht länger mit ihrer Geschichte und will diese neue Freiheit mit anderen teilen. Ihre Reaktion, ihre Freude und Energie zeigt folgendes: Offensichtlich hat Jesus so mit ihr gesprochen, dass sie sich nicht bloßgestellt vorkam. Diese Frau fühlte sich von Jesus keineswegs durchschaut und entlarvt. Im Gegenteil, sie weiß sich gesehen, erkannt und endlich verstanden! Von Jesus kommt kein Vorwurf, kein Urteil, keine Ablehnung. Jesus zeigt der Frau: Ich sehe dich, wie du bist! Ich sehe dich mit deiner ganzen Geschichte. Mit deinen inneren Kämpfen und Konflikten. Mit deiner Sehnsucht, du selbst sein zu dürfen. Mit deiner Suche nach Lust, Dasein und Liebe. Lebe deine Liebe! Versteck dich nicht! Denn ich sehe, dass du wunderbar, wertvoll und schön bist.

Du kannst dich befreien von der Angst und dem Versteckspiel. Und ich, Jesus, will, dass du ein freier Mensch wirst mit dem Mut, auch vor Gott zu dir selbst zu stehen.

Doch ich möchte die Geschichte gern noch etwas anders erzählen. Ich stelle mir vor, wie Jesus reagiert hätte in folgender Situation:

Die Frau antwortete und sprach: „Ich habe keinen Mann" Und Jesus antwortete: „Du hast recht. Du hast keinen Mann. Du lebst schon einige Jahre mit einer Frau zusammen. Und ihr seid sehr vorsichtig und passt auf, dass es in der Nachbarschaft kein Gerede gibt. Aber eure Liebe ist etwas unendlich Wertvolles. Lebe deine Liebe! Versteck dich nicht! Ihr tut einander gut und ihr gebt euch im Schatten eurer Zärtlichkeit Schutz und Geborgenheit. Deine seelischen Wunden konnten durch die Liebe deiner Frau wieder heilen. Ich sehr eure Suche nach Lust, Dasein und Liebe. Und ich sehe: eure Liebe ist wunderschön! Ich sehe euch mit eurer ganzen Geschichte, mit all euren Konflikten und Zweifeln. Ich sehe euch mit eurer Stärke und Würde. Und ich wünsche euch Mut, eure Liebe offen zu zeigen und auch vor Gott zu euch selbst zu stehen."

Und eine weitere Begegnung stelle ich mir vor:

Die Frau antwortete. „Was bedeutet es, Mann oder Frau zu sein?" Und Jesus antwortete: „Du hast recht. Diese Frage bewegt dich seit langem. Du warst selbst vor einigen Jahren ein Mann. Aber du warst dir fremd. Du warst nicht wirklich du. Und nur Wenige konnten deinen Schmerz verstehen. Erst nach vielen Kämpfen, in einem langen, schweren Weg hast du zu dir gefunden. Heute lebst du als Frau. Auch dir sage ich: Lebe deine Liebe! Versteck dich nicht! Ich sehe deine Kraft und deine Würde. Ich sehe deine Entschlossenheit und deinen Stolz. Ich sehe deine Ehrlichkeit und deine Schönheit. Und ich wünsche auch dir diesen Mut, vor Gott zu dir selbst zu stehen.

Jesus sieht auch uns an. Aber er will uns nicht durchschauen oder entlarven. Er will uns erkennen und verstehen. Er macht uns Mut, auszusprechen was wir sind und zu zeigen, wer wir sind; ohne Angst vor Abwertung oder Ausgrenzung, ohne Angst vor Gewalt und Schmerz. Jesus ermutigt uns, vor Gott und den Menschen zu uns selbst zu stehen. Jesus öffnet den Horizont, damit wir aufbrechen in die offene Weite. Er sagt auch uns:
Lebe deine Liebe! Versteck dich nicht!

Gebet

Beispiele von Schmerz und Gewalt, die für alle Menschen stehen, die auf Grund ihrer Liebe oder Sexualität diskriminiert, verfolgt oder gar getötet werden:

Wo Liebe mit dem Tod bestraft wird:[23]
Nigeria, Sudan, Somalia, Mauretanien
Jemen, Saudi-Arabien, Vereinigten Arabischen Emirate, Katar
Iran, Pakistan, Afghanistan, Brunei

---

[23] https://www.stern.de/panorama/weltgeschehen/nicht-nur-brunei-bestraft-homosexualitaet-mit-dem-tod-8652298.html

Türkei [24]

Hande Kader - politisch aktive türkische Transgenderfrau, engagiert gegen Polizeiwillkür und gesellschaftliche Gewalt, im Alter von 22 Jahren ermordet, ihr Leichnam wies Folterspuren auf. Nach Angaben von Aktivisten wurden seit 2008 etwa 40 Transsexuelle in der Türkei ermordet Brasilien [25]

Diego Vieira Machado – 29 jähriger Student, wurde mehrfach Opfer rassistischer und homophober Beleidigungen, Drohungen und Angriffe, seine verstümmelte Leiche wurde am Ufer der Guanabara-Bucht gefunden. Von Januar 2012 bis September 2016 sind 1.600 Homosexuelle und Transgender in Brasilien getötet worden, schätzt die Nichtregierungsorganisation »Grupo Gay da Bahia«. Aktuell erlebt Brasilien eine Welle homophober Gewalt, an der auch die Polizei ihren Anteil hat. Aber vor allem konservative Politiker und evangelische Prediger schüren den Hass.

(AI:)

Russland [26]

Elena Grigoryeva - die verstümmelte Leiche der russischen Menschenrechts- und LGBTIQ*-Aktivistin wurde in einem Gebüsch in St. Petersburg gefunden.

Grigorjewa hatte vorher mehrere Bedrohungen erhalten, etwa nach ihrem Coming-out . Auch ein bekannter Aktivist gegen LGBTI-Rechte,

---

[24] https://www.zeit.de/gesellschaft/2016-08/istanbul-mord-transsexuelle-hande-kader-tuerkei

[25] https://www.amnesty.de/journal/2017/februar/schwul-verhasst-und-ausgegrenzt

[26] https://www.queer.de/bild-des-tages.php?einzel=2708

Timur Bulatow, habe sie bedroht - dieser freute sich in sozialen Netzwerken, durch den Mord seien seine Gebete erhört worden.

Tansania [27] [28]

Halima – hat fast sechs Monate in einem Versteck außerhalb ihres Heimatlandes gelebt. Halima floh im Oktober 2018 aus Tansania, nachdem der Regionalkommissar von Daressalam, Paul Makonda, Pläne für eine Task Force angekündigt hatte, die LGBTI aufspüren und verhaften soll. Makonda forderte die Öffentlichkeit zur Denunzierung von Homosexuellen auf und teilte eine Telefonnummer mit, unter der man jeden, den man verdächtigte, eine LGBTI Person zu sein, bei der Polizei anzeigen konnten. "Niemand sollte sein Leben im Verborgenen leben, getrennt von seinen Lieben", sagte Halima, was nicht ihr richtiger Name ist.

Tschetschenien [29]

Die tschetschenischen Behörden haben eine neue Welle der Verfolgung losgetreten, die sich gegen Menschen richtet, von welchen behauptet wird, sie seien schwul oder lesbisch. «Viele LGBT-Menschen in Russland sind noch immer traumatisiert wegen der homophob motivierten Verfolgung, bei welcher 2017 Dutzende von Schwulen in Tschetschenien entführt, gefoltert und manche gar getötet wurden. Es ist haarsträubend, dass dies nun offensichtlich andauert», sagt Marie

---

[27] https://www.queeramnesty.de/laender/artikel/kategorie/tansania.html

[28] https://www.katholisch.de/aktuelles/aktuelle-artikel/afrika-warum-die-kirche-homosexuelle-diskriminiert

[29] https://queeramnesty.ch/die-verfolgung-von-schwulen-und-lesben-in-tschetschenien-geht-weiter/

Struthers, Direktorin für Osteuropa und Zentralasien bei Amnesty International.

Russland weigert sich hartnäckig, die Vorkommnisse in Tschetschenien zu untersuchen. Bis heute wurde niemand für die begangenen Gräueltaten zur Rechenschaft gezogen.

Polen [30]

Am 6. Mai durchsuchte die Polizei die Wohnung der Menschenrechtsverteidigerin Elżbieta Podleśna und nahm sie mehrere Stunden in Gewahrsam. Die Polizei gab an, Kopien eines Posters der Jungfrau Maria mit einem Heiligenschein in den Farben der LGBTI-Regenbogenfahne bei ihr gefunden zu haben. Gegen Elżbieta Podleśna wird nun wegen „Verletzung religiöser Gefühle" ermittelt. Dieser Straftatbestand im polnischen Recht kann mit bis zu zwei Jahren Haft geahndet werden. Elżbieta Podleśna ist wegen ihres menschenrechtlichen Engagements ins Visier der Behörden geraten.

Deutschland [31]

Die Bundesregierung gibt bekannt, dass die Zahl der Übergriffe auf schwule, lesbische und transgender Menschen massiv zugenommen hat. Dabei kam es auch zu Straftaten, die aus religiöser Motivation heraus verübt wurden.

---

[30]   https://www.amnesty.de/mitmachen/urgent-action/schikanen-gegen-menschenrechtlerin

[31] https://www.tagesschau.de/inland/homophobe-uebergriffe-101.html

Rebellion Satire

Satire, was darf sie?

[Predigt zur Fastnacht]

Mit dem Vorwurf, heilige Dinge zu lästern, waren Hofnarren und Närrinnen, Kabarettist*innen und Satiriker*innen immer wieder konfrontiert. Seit den blutigen Anschlägen religiöser Fundamentalisten auf Galerien, Redaktionsstuben und Buchhandlungen ist die Frage nach Satire zu einer Frage auf Leben und Tod geworden. Die Solidarität mit den Kunstschaffenden pocht zu Recht auf die Freiheit der Satire. Doch darf diese tatsächlich alles? Wie so oft ist die Antwort nicht so eindeutig, wie wir es uns wünschen.

„…Gott saß dann auf der Bettkante und sagte: Ich habe unruhig geschlafen. Die ganze Welt schiebt mir alles in die Schuhe, aber dass die Menschen selbst was verbrochen haben könnten und was dagegen tun, darauf kommt natürlich kein Schwein. Er sagte tatsächlich wortwörtlich: kein Schwein." [32]

Hanns Dieter Hüsch war ein begnadeter Satiriker. In seinen lustigen Versen schwang stets auch tiefgründiger Ernst mit; und wenn er so richtig nachdenklich wurde, blitzte in seiner Rede dann auch immer der Schalk auf. Hüsch kannte den Menschen, mit all seinen Schwächen, Fehlern und Grenzen. Aber Hüsch fand dennoch – oder gerade deshalb – die Menschen liebenswert. Sein Humor brachte uns zum

---

[32] „Besuch beim lieben Gott" aus „Ich habe nichts mehr nachzutragen", Hans-Dieter Hüsch, 2015

Lachen und auch dazu, genauer hinzuhören, tiefer wahrzunehmen. Hüsch war nicht oberflächlich, sondern ging unter die Haut. Und auch das gehört dazu.

Hanns Dieter Hüsch war im besten Sinn des Wortes ein frommer Mensch. Seinen Glauben knüpfte er beherzt in seinen Humor mit hinein.

Humor und Glaube, das erscheint uns als eine schwierige Beziehung. Satire und Religion sind ganz aktuell in einen blutigen Konflikt geraten. Nach dem Anschlag auf das Satiremagazin „Charlie Hebdo" wissen wir: Humor kann lebensgefährlich sein. „Sich totlachen" – dieser Begriff hat eine ganz neue Bedeutung erfahren. Jetzt, wo sich die sogenannte närrische Zeit naht und das „sich-lustig-machen" zur allgemeinen Bürgerpflicht erhoben wird, wenigstens für 2, 3 Tage. Dann ist aber wieder: Schluss mit Lustig! Dann kommt dieser Streit zwischen Religion und Satire wieder ins Blickfeld zurück.

Fragen wir mal bei einem Kollegen von Herrn Hüsch nach, der als ausgewiesener Satire-Experte gilt. Kurt Tucholksy meinte:
„Übertreibt die Satire? Die Satire muss übertreiben und ist ihrem tiefsten Wesen nach ungerecht. Sie bläst die Wahrheit auf, damit sie deutlicher wird, und sie kann gar nicht anders arbeiten als nach dem Bibelwort: Es leiden die Gerechten mit den Ungerechten. Was darf Satire? Alles". [33]

---

[33] https://tucholsky-gesellschaft.de/indexalt.htm?KT/Texte/satire.htm

Ich schätze Tucholsky sehr. Noch immer lohnt es, seine Gedanken und Wortschnipsel zu lesen. Und dennoch sei mir erlaubt, kritisch nachzufragen: Darf Satire tatsächlich ALLES?

Satire und Humor sind lebenswichtig, ohne Zweifel. Satire ist ein Spiegel, die Unzulänglichkeiten der menschlichen Welt auf unterhaltsame Art wahrzunehmen. Und der Humor gleicht einem fliegenden Teppich, der uns über die Abgründe des Alltags trägt. Kabarettist*in, Karikaturist*in, Hofnarr und Närrin – das sind und waren Menschen, die einerseits geachtet, andererseits angefeindet wurden. Erinnern wir uns an die DDR. Der politische Witz hatte Hochkonjunktur und gehörte zur Widerstandskultur. Zwischen den Zeilen lachen, eine Kunst, die immer mehr verlernt wird. Oder denken sie an den jüdischen Humor, der angesichts von Ausgrenzung, Verfolgung und Pogrom zu einer Überlebensstrategie wurde. Wenn die Ohnmächtigen über die scheinbar Allmächtigen lachen konnten, hatte das eine befreiende Art. Und Gott lachte mit! Humor brachte immer auch Mut. Satire darf alles.

Wirklich? Es gibt auch ein Lachen, dass im Halse stecken bleibt. Es gibt auch Humor, der bösartig daherkommt. Es gibt Satire, die verletzt. Wenn die Mächtigen sich über die Ohnmächtigen lustig machen, ist das nicht lustig. Wenn Männer über Frauen abfällig scherzen; wenn Europäer über den Hunger und die Armut in Afrika Witze machen; wenn Heterosexuelle Schwule und Lesben in den Dreck ziehen; wenn geistig behinderte Menschen zur Zielscheibe des Spottes werden, dann ist das alles nicht lustig! Und jedes Mobbing –Opfer weiß zu berichten, dass die Anderen ja nur mal eben „einen kleinen Scherz" gemacht haben. Satire darf alles? Auch verletzen?

Es gab und gibt Satire, die ich nicht nur als nicht lustig, ja auch nicht nur geschmacklos, sondern auch als gefährlich, ja kriminell bewerte. Es gibt im Internet eine facebook-Seite „just black humor". Aber es geht nicht um schwarzen Humor, der selbst Leid und Tod noch etwas zum Schmunzeln abringt. Dort werden rassistische, antisemitische, menschenverachtende Sprüche gepostet. Darf Satire alles?

Wir dürfen nicht vergessen: im Nationalsozialismus waren der „Stürmer" und der „Völkische Beobachter" voll von Karikaturen. Juden wurden da als Untermenschen dargestellt, entwürdigender Lächerlichkeit preisgegeben. Auch diese Karikaturen haben die Verbrechen des NS-Regimes begleitet. Darf Satire alles? Auch töten?

Humor ist Teil unserer Seele. Er gehört zu unserem Mensch-Sein dazu. Humor ist, wie die Hoffnung, eine Gabe, die Gott uns aus dem Paradies mitgegeben hat, damit wir hier in der Welt besser bestehen können. Wirklicher Humor ist bissig, treffend, mitunter scharf wie Pfeffer, aber er bleibt im Wesenskern liebenswürdig. Wo Achtung, Würde, Respekt fehlen, wo es der Liebe mangelt, da werden Scherze gefährlich und da wird Satire durchaus auch grausam.

Wenn wir uns gegen würdelose Scherze oder hasserfüllte Witze wenden, dann bitte aber erstens: um der Menschen willen, die von solcherart „Humor" betroffen sind und zweitens: nicht ebenfalls mit verbissenem Gesicht, sondern mit unserem eigenen, menschlichen Humor. Wir sollten nicht über menschenverachtende Satire lachen, sondern deren Urheber ihrerseits der Lächerlichkeit preisgeben.

Aber was wir ganz gewiss nicht zu tun brauchen: angesichts religionskritischer Satire als Menschen Gott verteidigen zu wollen. Glauben Sie mir, das kann Gott sehr gut und viel besser selbst für sich tun. Zu oft haben Menschen, die bestrebt waren, Gott vor Menschen schützen zu wollen, gerade damit den eigenen Glauben in Misskredit gebracht.

Ich frage nun, so gegen Ende der Predigt, den Satiriker Kurt Tucholsky noch einmal an. Willst du, Kurt, für uns noch etwas hinzufügen? Er nickt. Und sagt: „Die Welt verachten - das ist sehr leicht und meist ein Zeichen schlechter Verdauung. Aber die Welt verstehen, sie lieben und dann, aber erst dann, freundlich lächeln, wenn alles vorbei ist -: Das ist Humor." [34]

Das mit der Verdauung lässt mich aufhorchen. Da gab es doch mal einen britischen Politiker. Dieser war zwar kein Satiriker, aber er hatte auch jede Menge Humor und lebte lebensgefährlich. Er schrieb den ersten utopischen Roman und wurde schließlich von seinem König aufs Schafott geführt. Ich rede von Thomas Morus. Ein rebellischer Geist, der eher aus historischem Zufall heraus Märtyrer und katholischer Heiliger wurde. Von ihm ist folgendes Gebet überliefert:

"Schenke mir eine gute Verdauung, Herr, und auch etwas zum Verdauen. Schenke mir Gesundheit des Leibes mit dem nötigen Sinn dafür, ihn möglichst gut zu erhalten. Schenke mir eine heilige Seele, Herr, die im Auge behält, was gut und rein ist, damit sie sich nicht

---

[34] https://www.reclam.de/detail/978-3-15-018806-4/Tucholsky_zum_Vergnuegen

einschüchtern lässt vom Bösen, sondern Mittel findet, die Dinge in Ordnung zu bringen. Schenke mir eine Seele, der die Langeweile fremd ist, die kein Murren kennt und kein Seufzen und Klagen, und lasse nicht zu, dass ich mir allzu viel Sorgen mache um dieses sich breit machende Etwas, das sich 'Ich' nennt. Herr, schenke mir Sinn für Humor. Gib mir die Gnade, einen Scherz zu verstehen, damit ich ein wenig Glück kenne im Leben und anderen davon mitteile." [35]

---

[35] https://www.katholisch-kalkar.de/impulse-gebete/gebete/verschiedene-gebete/gebet-um-humor

Printed by Books on Demand GmbH, Norderstedt / Germany